Moment mal! 7

Evangelische Religionslehre Gymnasium

Lehrerband

Erarbeitet von
Christina Lange
Stefanie Pfister

Ernst Klett Verlag
Stuttgart · Leipzig

Verwendete Abkürzungen

SuS   Schülerinnen und Schüler
ZM   Zusatzmaterial
SB   Schulbuch
RU   Religionsunterricht

Bildquellennachweis

Umschlag Getty Images (Tim Roberts), München

Sollte es in einem Einzelfall nicht gelungen sein, den korrekten Rechteinhaber ausfindig zu machen, so werden berechtigte Ansprüche selbstverständlich im Rahmen der üblichen Regelungen abgegolten.

1. Auflage   1 $^{5\ 4\ 3\ 2\ 1}$ | 24 23 22 21 20

Alle Drucke dieser Auflage sind unverändert und können im Unterricht nebeneinander verwendet werden.
Die letzte Zahl bezeichnet das Jahr des Druckes.
Das Werk und seine Teile sind urheberrechtlich geschützt. Jede Nutzung in anderen als den gesetzlich zugelassenen Fällen bedarf der vorherigen schriftlichen Einwilligung des Verlages. Hinweis § 60a UrhG: Weder das Werk noch seine Teile dürfen ohne eine solche Einwilligung eingescannt und in ein Netzwerk eingestellt werden. Dies gilt auch für Intranets von Schulen und sonstigen Bildungseinrichtungen. Fotomechanische oder andere Wiedergabeverfahren nur mit Genehmigung des Verlages.

© Ernst Klett Verlag GmbH, Stuttgart 2020. Alle Rechte vorbehalten. www.klett.de
Programmbereich Klett-Auer
Das vorliegende Material dient ausschließlich gemäß § 60b UrhG dem Einsatz im Unterricht an Schulen.

Autorinnen: Christina Lange, Bremen; Dr. Stefanie Pfister, Sendenhorst

Entstanden in Zusammenarbeit mit dem Projektteam des Verlages.

Umschlaggestaltung: AAA, Frank Wildermuth, Stuttgart
Satz: krauß-verlagsservice, Ederheim/Hürnheim
Druck: Digitaldruck Tebben GmbH, Biessenhofen

Printed in Germany
ISBN 978-3-12-006977-5

Inhalt

Moment mal! – Zum didaktischen Konzept 4

1 Glaube findet Sprache 9

Einen Moment noch 9
Didaktischer Kommentar 11
Zusatzmaterial: Übersicht 19
Zusatzmaterial 20

2 Kirche hat Geschichte 37

Einen Moment noch 37
Didaktischer Kommentar 39
Übersicht: Zusatzmaterial 45
Zusatzmaterial 46

3 Islam 60

Einen Moment noch 60
Didaktischer Kommentar 61
Übersicht: Zusatzmaterial 67
Zusatzmaterial 68

4 Ich und meine Wünsche 78

Einen Moment noch 78
Didaktischer Kommentar 80
Übersicht: Zusatzmaterial 86
Zusatzmaterial 87

5 Nächstenliebe und diakonisches Handeln der Kirche 98

Einen Moment noch 98
Didaktischer Kommentar 99
Übersicht: Zusatzmaterial 106
Zusatzmaterial 107

Operatoren mit Definitionen 117

Moment mal! – Zum didaktischen Konzept

Bärbel Husmann/Rainer Merkel

Eine wesentliche Grundentscheidung, die dem vorliegenden Lehrwerk zugrunde liegt, ist die, keiner bestimmten religionsdidaktischen bzw. -pädagogischen Konzeption zu folgen, sondern von einem Zusammenspiel religionsdidaktischer Strukturen[1] auszugehen. Dies ist der Einsicht geschuldet, dass die Zeit religionspädagogischer Großkonzeptionen vorbei ist, weil sich gezeigt hat, dass jede Großkonzeption auf bestimmte Entwicklungen in der jeweiligen Vergangenheit reagiert hat, sie zu überwinden suchte und dabei häufig „das Kind mit dem Bade ausgeschüttet" hat.

Die heutigen Herausforderungen für den RU sehen wir vor allem darin, das Fach Religion im Gesamt des schulischen Fächerkanons zu positionieren und den Entwicklungen, die sich für alle schulischen Fächer „nach PISA" abzeichnen, Rechnung zu tragen. Es gilt, das Augenmerk auf didaktische Fragen zu richten: Was macht einen religiös gebildeten Schulabgänger in Klasse 10 aus? Über welche Kompetenzen muss er oder sie verfügen? Welches Wissen muss er oder sie dafür erworben haben?

Aus diesem Grund ist das Lehrwerk kompetenzorientiert angelegt und fokussiert konsequent das Ergebnis von Lernprozessen. Zugleich ist es der (konstruktivistischen) Einsicht verpflichtet, dass ein solches Ergebnis nicht losgelöst vom lernenden Subjekt formuliert und eingefordert werden kann: Kognitive Fähigkeiten werden stets individuell angeeignet, Wissen wird neu generiert und mit Bestehendem verknüpft. Scheinbar objektive Lernergebnisse lassen sich daher immer wieder hinterfragen, relativieren oder weiterführen. Der programmatische Titel „Moment mal!" zeigt das an. Er korrespondiert mit der gleichnamigen, in Rot gesetzten Rubrik, die das Lehrwerk mit entsprechenden Fragen zur Vertiefung begleitet und zum eigenständigen Urteil auffordert.

Kompetenzorientierung – Lernaufgaben – Anforderungssituationen

Der fachliche Diskurs um Lernaufgaben und Anforderungssituationen hat sowohl in der Allgemeinen Didaktik wie in der Religionsdidaktik gerade erst begonnen. In manchen praxisorientierten Veröffentlichungen hat der Begriff „Anforderungssituation" eine hohe Konjunktur.[2] Gleichwohl lohnt es sich, den Blick noch einmal grundsätzlich auf die Kompetenzorientierung zu lenken. In der Klieme-Expertise heißt es:

„In Übereinstimmung mit Weinert[3] verstehen wir unter Kompetenzen die bei Individuen verfügbaren oder von ihnen erlernbaren kognitiven Fähigkeiten und Fertigkeiten, bestimmte Probleme zu lösen, sowie die damit verbundenen motivationalen, volitionalen und sozialen Bereitschaften und Fähigkeiten, die Problemlösungen in variablen Situationen erfolgreich und verantwortungsvoll nutzen zu können. Kompetenz ist nach diesem Verständnis eine *Disposition*, die Personen befähigt, *bestimmte Arten von Problemen erfolgreich zu lösen*, also *konkrete Anforderungssituationen eines bestimmten Typs zu bewältigen*."[4]

Weinert folgt mit seinem Kompetenzbegriff einem Vorschlag der OECD. Die OECD verantwortet die Internationale Schulleistungsstudie PISA, bei der untersucht wurde, „inwieweit Schülerinnen und Schüler gegen Ende ihrer Pflichtschulzeit die Kenntnisse und Fähigkeiten für eine volle Teilhabe an der Wissensgesellschaft erworben haben."[5] Weinert selbst unterscheidet zwischen fachlichen, fachübergreifenden (Teamfähigkeit, problemlösendes Denken) und Handlungskompetenzen. Der Begriff „Kompetenz" wird damit mehrfach fokussiert: im Hinblick auf die Messbarkeit des Erfolgs von Schulen, im Hinblick auf das Lösen von situierten Aufgaben, bei denen man fachliche *und* fachübergreifende Fähigkeiten benötigt, und schließlich im Hinblick auf die Teilhabe an der Wissensgesellschaft.

In der Klieme-Expertise wird nun dieser Kompetenzbegriff verwendet, um ihn zum einen mit dem Begriff der Bildung zu verknüpfen. In Anlehnung an die Grundstruktur der Allgemeinbildung und des Kanons nach Jürgen Baumert[6] wird

---

1 Peter Biehl: Didaktische Strukturen des Religionsunterrichts. Christoph Bizer gewidmet, in: JRP 12 (1995). Religionspädagogik seit 1945. Bilanz und Perspektiven, Neukirchen: Neukirchener Verlagshaus 1996, S. 197–223 (zuerst veröffentlicht in „Arbeitshilfe für den evangelischen Religionsunterricht an Gymnasien" Nr. 54, Hannover o. J.).

2 Zu den folgenden Ausführungen vgl. Bärbel Husmann: Anforderungssituationen – ein Muss bei der Gestaltung von Lernaufgaben für religiöse Bildungsprozesse in der Schule? In: Differenz-Kompetenz. Religiöse Bildung in der Zeit, FS Bernhard Dressler, hg. von Thomas Klie, Dietrich Korsch und Uta Wagner-Rau, Leipzig: Evangelische Verlagsanstalt (2012), 245–256. Vgl. weiterhin Gabriele Obst: Anforderungssituationen als Ausgangspunkt kompetenzorientierten Lehrens und Lernens im Religionsunterricht. Ein Werkstattbericht aus der Praxis des Religionsunterrichts in der Sekundarstufe II, in: Kompetenzorientierung im Religionsunterricht. Befunde und Perspektiven. FS Dietlind Fischer, hg. von Andreas Feindt u.a., Münster 2009, 181–196, Wolfgang Michalke-Leicht (Hg.): Kompetenzorientiert unterrichten. Das Praxisbuch für den Religionsunterricht, München 2011.

3 Franz E. Weinert: Vergleichende Leistungsmessung in Schulen – eine umstrittene Selbstverständlichkeit, in: Leistungsmessung in Schulen, hg. von Franz E. Weinert, Weinheim/Basel ²2002, 17–31, hier: 27f.

4 Eckard Klieme u.a.: Zur Entwicklung nationaler Bildungsstandards. Expertise, hg. vom Bundesministerium für Bildung und Forschung, Berlin 2007 [2003], 72 (Hervorhebungen nicht im Original).

5 http://www.oecd.org/document/20/0,3746,de_34968570_39907066_39648148_1_1_1_1,00.html (zuletzt eingesehen am 04.04.2012)

6 Quer zu den basalen Kulturwerkzeugen wie Beherrschung der Verkehrssprache, Mathematisierungsfähigkeit, fremdsprachlichen Kompetenzen, Fähigkeiten im Umgang mit modernen Kommunikationstechnologien und der Fähigkeit, sich Wissen selbstständig anzueignen, gibt es Bereiche für das kanonische Orientierungswissen, die zugleich

ausgeführt, dass „Kompetenzen" durchaus tauglich sind, um zu beschreiben, was man als *Bildung*sziele verstehen kann: „erworbene, also nicht von Natur aus gegebene Fähigkeiten, die an und in bestimmten Dimensionen der gesellschaftlichen Wirklichkeit erfahren wurden und zu ihrer Gestaltung geeignet sind ... Die ‚Domänen' des Wissens und Handelns, in denen sich Kompetenzen entwickeln, lassen sich deshalb durchaus und ohne systematischen Bruch den Dimensionen der modernen Allgemeinbildung vergleichen, Dimensionen, die ihren klassischen Ursprung bis heute nicht verbergen können."[7] In diesem Zusammenhang beschreibt die Anforderungssituation im Kliemeschen Sinne in erster Linie eine *Ziel*perspektive schulischen Lernens: Die Ausbildung von Kompetenzen wird der Zielbestimmung unterworfen, Situationen zu bewältigen, Aufgaben und Probleme zu lösen, Anforderungen zu bestehen. Die Klieme-Expertise bewegt sich im Rahmen von Bildungszielen, kompetenzorientierten Standards und deren Überprüfung. Es geht somit *nicht* um Didaktik oder konkrete Unterrichtsvorbereitung.

Zum anderen liegt für die Experten-Kommission um Eckard Klieme auf der Hand, bereits die Konstruktion von Test-Aufgaben zur Erfassung von Kompetenzen, das heißt die Operationalisierungen der Kompetenzen, auf Anforderungssituationen zu beziehen.[8] Die Expertise schreibt Bildungsstandards nämlich durchgängig eine Doppelfunktion zu: Es geht nicht nur um *Transparenz und Orientierung*, welche Kompetenzen einer Domäne bis zu einer bestimmten Jahrgangsstufe erreicht sein sollen. Vielmehr wird gebetsmühlenartig der Anspruch der prinzipiellen Testbarkeit von Kompetenzen wiederholt. Man verspricht sich eine *Rückmeldung* über die Leistungsfähigkeit von Schulen oder gar des gesamten Bildungssystems.

Wir stehen diesem Testbarkeitsanspruch und der Rückmeldefunktion von Kompetenzen äußerst skeptisch gegenüber. Die Orientierung des Unterrichts auf Kompetenzen hin bleibt davon jedoch völlig unberührt und ist uneingeschränkt zu begrüßen. Bei der Kompetenzorientierung ist Weinert und Klieme die Zielrichtung gemeinsam, die material definierten Unterrichtsstoffe, die zur unsituierten Reproduktion unsituiert gelernten Wissens führen, durch Kompetenzen zu ersetzen, die Gestaltungs- und Handlungsfähigkeit im Blick haben, kurz: Partizipation. Es wäre ein schwer wiegendes Missverständnis, diese Kompetenz auf Problemlösekompetenz zu reduzieren oder Ziele von Bildung mit evaluierbaren Kompetenzen gleichzusetzen.

Nicht nur Bernhard Dressler hat wiederholt auf diese Gefahr hingewiesen und die theologische Unverfügbarkeit des Glaubens wie die pädagogische Nichtmachbarkeit religiöser Bildung ins Spiel gebracht: „Selbstverständlich geht es auch auf dem Feld der Religion um Kompetenzen, mit denen auf bestimmte situative Anforderungen reagiert werden kann. Didaktisch werden Erwerb und Erprobung solcher Kompetenzen im Blick auf als Handlungsprobleme formulierte exemplarische Lebenssituationen angestrebt. Die Lebenssituationen, in denen religiöse Kompetenz gefragt ist, werden aber im Unterschied zu schulischen Lernaufgaben gar nicht überwiegend als lösbare ‚Probleme' wahrgenommen werden können. Religiöse Kompetenz schließt gerade das Wissen ein, dass das Leben nicht nur im Aktivismus von Problemlösungen bestehen kann und soll."[9]

Um diesen Missverständnissen entgegenzutreten, möchten wir im vorliegenden Lehrwerk lieber von **situierten Lernaufgaben** sprechen als von Anforderungssituationen. Dies entspricht auch dem Diskussionsstand in der Allgemeinen Didaktik,[10] in der der Fokus der Diskussion auf der Frage liegt, was gute Lernaufgaben sind und wie sie sich von Prüfaufgaben unterscheiden. Kompetenzorientierung heißt in der Allgemeinen Didaktik vor allem nachhaltiges *Lernen*. So schreibt Gerhard Eikenbusch:

„Bei der Klärung der mit einer Aufgabe angestrebten Kompetenzen ist demnach zu fragen, ob eine Aufgabe dazu beitragen kann,

- Erfahrenes und Gelerntes zu verstehen, zu vernetzen, in vorheriges Wissen und Fähigkeiten einzubetten und für Handeln verfügbar zu machen
- relevantes Wissen systematisch aufzubauen
- Motivation zum Gegenstand, zum Lernen und zum Fach zu fördern oder zu nutzen
- Kommunikation über das Gelernte oder offene Fragen zu ermöglichen
- sich über sein eigenes Lernen klar zu werden."[11]

---

verschiedene, nicht aber nicht gegenseitig ersetzbare „Modi der Weltbegegnung" repräsentieren: die kognitiv-instrumentelle Modellierung der Welt (in Mathematik und Naturwissenschaften), die ästhetisch-expressive Begegnung und Gestaltung der Welt (in Dichtung, Musik, Bildender Kunst sowie physischer Expression), die normativ-evaluative Auseinandersetzung mit Wirtschaft und Gesellschaft (in Geschichte, Ökonomie, Politik/Wirtschaft und Recht) sowie der Umgang mit Problemen konstitutiver Rationalität (in Philosophie und Religion). Vgl. Jürgen Baumert: Deutschland im internationalen Bildungsvergleich, in: Die Zukunft der Bildung, hg. von Nelson Killius u. a., Frankfurt am Main 2002, 100–150, hier: 113.

7 Eckard Klieme u. a.: Zur Entwicklung nationaler Bildungsstandards. Expertise, hg. vom Bundesministerium für Bildung und Forschung, Berlin 2007 [2003], 65 f.

8 Vgl. ebd., 73. Zum Folgenden vgl. Rainer Merkel: Kompetenzen sind Kumuluswolken! Eine niedersächsische Zwischenbilanz zu Kompetenzen und Bildungsstandards im Fach Ev. Religion zehn Jahre nach PISA, Loccumer Pelikan 3/2010, 113–117.

9 Bernhard Dressler: Religionspädagogik zwischen Bildungstheorie und Kompetenzdidaktik, in: Theologische Literaturzeitung 135 (5/2010), Sp. 511–526, hier: Sp. 526.

10 Beispielhaft: Hanna Kiper: Der systematische Ort von Aufgaben in Theorien des Unterrichts, in: Lernaufgaben und Lernmaterialien im kompetenzorientierten Unterricht, hg. von Hanna Kiper u. a., Stuttgart 2010, 44–59, hier: 50.

11 Gerhard Eikenbusch: Aufgaben, die Sinn machen. Wege zu einer überlegten Aufgabenpraxis im Unterricht, in: Pädagogik 60 (3/2008), 6–10, hier: 8.

Hanna Kiper fragt nach den Gründen für die Notwendigkeit eines neuen Nachdenkens über kumulatives Lernen und geeignete Lernaufgaben *nach PISA*:

„Zu vermuten ist, dass in den 1980er- und 1990er-Jahren ein entscheidender Bruch [...] in didaktischen Diskussionen vollzogen wurde. Unterricht wurde vielfach an der Lebenswelt der Schülerinnen und Schüler orientiert; es setzten Prozesse der Subjektivierung ein; Schülerorientierung wurde gleichgesetzt mit einem Unterricht, in dem Leistungserwartungen nicht mehr artikuliert, begründet und ausgewiesen wurden. Oftmals wurden gerade solche Unterrichtskonzeptionen rezipiert, die darauf setzten, Schülerinnen und Schüler zu aktivieren, ohne die Frage nach lernförderlichen Aktivitäten oder nach dem Lernzuwachs durch Unterricht zu stellen."[12]

Im Bereich des RUs wird sich diese Diagnose nicht ganz von der Hand weisen lassen.

Weinert selbst hat 2001 (in demselben Aufsatz, in dem sich seine Kompetenz-Definition findet) aus der empirischen Forschung stammende Kriterien für guten Unterricht benannt, bei denen „anspruchsvolle Lernziele und kognitiv herausfordernde Lernaufgaben" eine Rolle spielen. Ebenso wichtig ist ihm die Qualifikation der Lehrenden, die Ausnutzung der aktiven Lernzeit, das kumulative, aufbauende Lernen. Die Situiertheit von Aufgabenstellungen bzw. die Einbettung von Lernaufgaben in Anforderungssituationen, ist bei Weinert kein eigenes Thema; es scheint lediglich bei seiner Bemerkung durch, in der neueren Forschung habe sich herausgestellt, dass bislang sehr hoch bewertete Faktoren wie „intrinsische Motivation" oder „erkundende, erfindende und entdeckende Tätigkeiten" „nicht ganz so bedeutsam" seien für erfolgreiches Lernen.[13] Diese Bemerkung lässt den Schluss zu, dass aus Sicht der empirischen Unterrichtsforschung die These, gute Lernaufgaben müssten zwangsläufig situierte Lernaufgaben sein, weil nur sie SuS motivieren oder weil nur sie einem kompetenzorientierten Unterricht angemessen seien, nicht haltbar ist. Nichtsdestoweniger gewinnen vor allem komplexe Lernaufgaben durch eine situative Einbettung häufig an Plausibilität und Anregungspotenzial. Solche Aufgabenstellungen, die alle Anforderungsbereiche von Reproduktion über Reorganisation/Transfer bis hin zu Beurteilung umfassen, eignen sich für eine Lernaufgabe, die am Anfang einer Unterrichts*sequenz* steht.[14] Leistungsmäßig sehr gute SuS werden an solchen Aufgaben ihre Freude haben; leistungsmäßig schwächere werden sich aber durch die Komplexität ohne Hilfestellungen überfordert fühlen. Deshalb muss es auch (nicht situierte) Lernaufgaben geben, die auf nur einen Anforderungsbereich zielen, Lernaufgaben, die Texte erschließen, Lernaufgaben, die zum kreativen Weiterdenken und Gestalten anregen.

Konzeptionelle Entscheidungen

Mit der Kompetenzorientierung hängen eine Reihe von konzeptionellen Entscheidungen zusammen, die im Folgenden erläutert werden.

Lernaufgaben

In *Moment mal!* finden sich zu jeder Doppelseite mehrere Aufgabenvorschläge, die „output"-orientiert formuliert sind und Frageimpulse vermeiden. Sie sind unabhängig voneinander und können flexibel ausgewählt oder erweitert werden. Ihre Reihenfolge orientiert sich in der Regel an der Abfolge der Materialien. Da die Aufgaben verschiedene Anforderungsniveaus bedienen, sind sie als konkrete Differenzierungsangebote zu verstehen. Gemäß den Empfehlungen der Einheitlichen Prüfungsanforderungen für das Abitur sind sie – mit wenigen Ausnahmen – mithilfe der für das Fach ausgewiesenen Operatoren formuliert. Eindeutig auf den Sekundarbereich II zielende Operatoren werden im Sinne einer behutsamen und altersangemessenen Einführung seltener oder gar nicht verwendet. Sprachlich richten sich die Aufgaben im Regelfall an den einzelnen Schüler/die einzelne Schülerin. Die zweite Person Plural wird nur dann verwendet, wenn eine zur Einzelarbeit alternative Sozialform erforderlich ist.

Der in der Klieme-Expertise verwendete Kompetenzbegriff von Franz Weinert ist komplex. Er umfasst nicht nur Wissen und Fähigkeiten, sondern auch die Anwendung dieses Wissens und dieser Fähigkeiten in komplexen Situationen. Es liegt daher nahe, bereits beim Erwerb der Kompetenzen mit situierten Lernaufgaben zu arbeiten. Jeweils auf der zweiten Doppelseite eines Kapitels stellt eine umfassende Aufgabe den Ausgangspunkt des Lernens dar, die mehrere oder alle aufgeführten Kompetenzen erfordert. Im Regelfall ist diese Eingangsaufgabe erst nach Bearbeitung des Kapitels befriedigend lösbar. Sie erfüllt mehrere Funktionen: Die Anforderung legt die Bearbeitung des Kapitels aus sachlichen Gründen nahe und legitimiert die Auseinandersetzung mit den folgenden Unterrichtsmaterialien. Der Sachzusammenhang zwischen Aufgabe und Kapitelschwerpunkten wird regelmäßig durch die Rubrik „Dazu ist es wichtig, ..." angezeigt. Darüber hinaus führt sie den SuS eine transparente Zielperspektive vor Augen und bettet zentrale Unterrichtsinhalte situativ ein. Sie ermöglicht einen „Vorher-Nachher-Vergleich" und macht auf diese Weise die jeweilige Lernprogression sichtbar.

---

12 Hanna Kiper: Der systematische Ort von Aufgaben in Theorien des Unterrichts, in: Lernaufgaben und Lernmaterialien im kompetenzorientierten Unterricht, hg. von Hanna Kiper u.a., Stuttgart 2010, 44–59, hier: 50.
13 Franz E. Weinert: Vergleichende Leistungsmessung in Schulen – eine umstrittene Selbstverständlichkeit, in: Leistungsmessung in Schulen, hg. von Franz E. Weinert, Weinheim/Basel ² 2002, 17–31, hier: 24 f.
14 Eine Vorreiterrolle hat hier Rebekka Tannen: „Meine Tochter wird nicht teilnehmen…!" Kompetenzorientierte Unterrichtsplanung zum Thema „Islam" in einer 8. Klasse, in: Loccumer Pelikan 3/2009, 117–123.

Zugleich wurde auf narrative Verschränkungen der komplexen Eingangsaufgabe mit den nachfolgenden Materialien verzichtet. Damit erlaubt die Konzeption den Lehrkräften eine flexible Handhabung: Die Eingangsaufgabe kann durch eine vergleichbare Situation ersetzt oder auch ganz übergangen werden. Auch lässt sie die Bearbeitung der folgenden Doppelseiten in beliebiger Reihenfolge (zum Beispiel in Abstimmung mit der Lerngruppe) zu, weil sie keine Lernwege oder festen Strategien vorgibt.

Die konsequente Kompetenzorientierung hängt mit einer Reihe weiterer Merkmale und Prinzipien zusammen, die zur Konzeption von *Moment mal!* gehören:

Transparenz und Anregung zur Metakognition

Die Überschriften der einzelnen Doppelseiten sind überwiegend, aber nicht zwingend als Frage formuliert. Die Frageform intendiert, den jeweiligen inhaltlichen Schwerpunkt auf den Punkt zu bringen. Das Inhaltsverzeichnis listet neben den Kapitelfragen auch die Titel der Doppelseiten übersichtlich auf und erlaubt so eine schnelle Orientierung. Eine knappe Einführung erläutert dem Schüler oder der Schülerin, wie das Buch konzipiert ist und benutzt werden kann. Sieht man von den kooperativen Lernangeboten ab, ist Lernenden die selbstständige Arbeit mit dem Lehrwerk möglich.

Auf der jeweiligen Eingangsseite eines Kapitels findet sich, neben einem linksseitig gesetzten visuellen „Aufmacher", eine Orientierung über die Kompetenzen, um die es im folgenden Kapitel geht. Dieser kleine Katalog ermöglicht die Metakognition und Selbstüberprüfung der SuS.

Die letzte Doppelseite resümiert das jeweilige Kapitel in seiner Gesamtheit und hat daher eine konzeptionelle Schlüsselfunktion. Die verschiedenen Aufgaben geben Gelegenheit, sich der erfolgten Lernprogression zu vergewissern (Evaluationsfunktion), Gelerntes zu üben und zu wiederholen (Festigungsfunktion) und weiterführende Lerntätigkeiten oder Projekte zu initiieren (Vertiefungsfunktion). Die Rubriken nach den Kompetenzbereichen intendieren weniger eine trennscharfe Systematik als vielmehr das Bewusstsein, dass die erworbenen Fähigkeiten und Fertigkeiten ein Können beschreiben, das auf kognitive Wissensbestände zurückgreift und in komplexen Situationen zur Anwendung kommt.[15] Auch wird regelmäßig auf die eingangs formulierte komplexe, situierte Lernaufgabe zurückgegriffen.

Lernausgangslage und curricularer Aufbau

Zu Beginn jedes Kapitels werden – in aller Behutsamkeit – bereits vorauszusetzende Kompetenzen formuliert, wie sie in Grundschullehrplänen stehen. Damit wird die Bedeutung der Lernausgangslage für den Unterricht angezeigt. Die Schülerin oder der Schüler ist aufgefordert, ihre bzw. seine individuellen Voraussetzungen und Vorkenntnisse vor diesem Hintergrund selbst einzuschätzen und die Auseinandersetzung mit neuen Inhalten als Verknüpfung und Förderung bereits bestehender Fähigkeiten zu begreifen.

Moment mal! ist als mehrbändige Reihe insofern curricular angelegt, als die fünf Kapitel eines Bandes jeweils mit Nachfolgekapiteln im jeweils folgenden Band korrespondieren. Der kumulative Kompetenzaufbau ist daher konzeptionell verankert.

Vernetzung und Aufbau von Fachsprache

Die einzelnen Kapitel sind als in sich geschlossene Einheiten konzipiert, die sich in beliebiger Reihenfolge bearbeiten lassen. Die Rubrik „Das hängt zusammen" führt in der Randspalte etliche Querverbindungen auf, die es ermöglichen, zu bereits erarbeiteten oder noch nicht erarbeiteten Kapiteln Bezüge herzustellen. Die Form des Doppelpfeils zeigt an, dass diese inhaltlichen Bezüge grundsätzlich in zwei Richtungen entfaltet werden können. Weil Wissenserwerb und Kompetenzaufbau kumulativ erfolgen, will das Buch die wechselseitigen Zusammenhänge von Aspekten bewusst machen und zur aktiven mentalen Verknüpfung anregen. Vor allem im Rückgriff auf bereits behandelte Kapitel bieten die Querverweise eine Möglichkeit der Übung und Wiederholung.

Auch die im Anhang erklärten Fachbegriffe enthalten, nach dem Muster eines Lexikons, gegenseitige Verweise. Für den systematischen Aufbau von Fachsprache sind nicht nur leicht zugängliche Begriffserklärungen notwendig, sondern auch ihre Verknüpfung und Verbindung in neuen Zusammenhängen. Umfang und Anspruchsniveau der Erklärungen sind der jeweiligen Altersstufe angepasst.

Methodenlernen

Neben dem individualisierenden Lernen regt das Buch immer wieder zum kooperativen Lernen und zur Selbstreflexion an. Darüber hinaus legt es Wert auf einen curricularen Aufbau methodischer Kompetenzen. Die im Layout hervorgehobenen Methoden sind knapp beschrieben und mit einfachen Vorgehensschritten erläutert. Es hat sich als Fiktion herausgestellt, Methoden ließen sich unabhängig von Inhalten und Aufgaben erlernen.

---

15 vgl. Grundlegende Kompetenzen religiöser Bildung. Zur Entwicklung des evangelischen Religionsunterrichts durch Bildungsstandards für den Abschluss der Sekundarstufe I, erarbeitet von einer Expertengruppe am Comenius-Institut, Redaktion: Dietlind Fischer und Volker Elsenbast, Münster 2006, 75.

Deshalb hat das Fach Religion auch ein fachgebundenes Kompetenzmodell entwickelt[16] und sich nicht dem aus der Berufspädagogik stammenden Modell des Kompetenzerwerbs in den Dimensionen Fachkompetenz, Sozialkompetenz, Methodenkompetenz und Selbstkompetenz (manchmal auch: Handlungskompetenz) angeschlossen. Dies entspricht auch dem Kompetenzverständnis der Klieme-Expertise. Die Methoden-Karten sind daher immer in engem Zusammenhang mit Inhalten dargestellt und auf den Doppelseiten platziert, auf denen sie im Aufgabenteil Verwendung finden.

Konfessionalität, Gender und Dialogkompetenz

Dass das Buch ein konfessionelles Profil hat, ist nicht nur der Tatsache geschuldet, dass der konfessionelle RU der Regelfall ist. Gerade im Wechselspiel von Identität und Verständigung[17] ist es wichtig, den interreligiösen Dialog nicht durch das ausschließliche Thematisieren von Gemeinsamkeiten zu beleben, sondern Unterschiede zwischen Religionen und Konfessionen zu benennen und gelten zu lassen. Das Buch eignet sich daher auch für den konfessionell-kooperativen RU in evangelischer Perspektive.

Für selbstverständlich halten wir es, Menschen weiblichen Geschlechts nicht „mitzumeinen", sondern sowohl die weibliche als auch die männliche Sprachform zu benutzen, um vermeintliche Selbstverständlichkeiten und ein verkrustetes Geschlechterverhältnis aufzubrechen. In der Auswahl der Materialien und Bilder ist bewusst auf eine gleichberechtigte Darstellung von Mann und Frau geachtet.

Bibel und Deutungskompetenz

Eng mit dem vorherigen Punkt hängt der Umgang mit biblischen Texten zusammen. Neben dem Abdruck von Schlüsseltexten wird in den Aufgaben immer wieder dazu angeregt, die Bibel selbst zur Hand zu nehmen. Mit eigenständigen Bibel-Kapiteln innerhalb des Lehrwerks soll die Möglichkeit gegeben werden, die Auseinandersetzung mit der biblischen Tradition, die gerade im Protestantismus eine entscheidende Rolle spielt, nicht nur „begleitend" zu fördern, sondern gezielt an bestimmten Themenbereichen zu arbeiten.

In Fragen der Übersetzung haben wir uns für einen Kompromiss zwischen Tradition und Verständlichkeit entschieden: Bibeltexte aus dem NT sind häufig im Wortlaut der „BasisBibel" (Deutsche Bibelgesellschaft 2010) abgedruckt, Bibeltexte aus dem AT sind im Wortlaut der „Gute Nachricht Bibel" (Deutsche Bibelgesellschaft 2006) oder der Lutherbibel 2017 abgedruckt.

Fazit

Moment mal! stellt die SuS selbst in den Mittelpunkt: Ihr jeweiliger Fragehorizont, ihre individuellen Kompetenzen und ihr eigenes Urteil sind unhintergehbare Anknüpfungs-, Orientierungs- und Zielpunkte des Unterrichts. Diese konzeptionelle Grundbestimmung entspricht zugleich dem, was wir unter einem *evangelischen* Profil religiöser Bildung verstehen.

Nicht selten wird – unter dem Vorwand der Schülerorientierung – Lernenden oder Lehrenden selbst anheimgestellt, wie sie Materialien im Unterricht verwenden sollen. *Moment mal!* bietet dagegen eine Vielzahl komplexer Lernaufgaben an, ohne ein korsettgleiches „Lernprogramm" abzuspulen. Denn eines braucht der RU noch, wenn er gelingen will: Lehrerinnen und Lehrer, die Lust und Freude daran haben, die Lernangebote mit Sachverstand einzusetzen.

---

16 Gemeint sind die folgenden fünf Kompetenzbereiche: Wahrnehmungs- und Darstellungsfähigkeit – religiös bedeutsame Phänomene wahrnehmen und beschreiben; Deutungsfähigkeit – religiös bedeutsame Sprache und Zeugnisse verstehen und deuten; Urteilsfähigkeit – in religiösen und ethischen Fragen begründet urteilen; Dialogfähigkeit – am religiösen Dialog argumentierend teilnehmen; Gestaltungsfähigkeit – religiös bedeutsame Ausdrucks- und Gestaltungsformen verwenden. (Einheitliche Prüfungsanforderungen in der Abiturprüfung. Evangelische Religionslehre. Beschluss der Kultusministerkonferenz vom 01.12.1989 i.d.F. vom 16.11.2006, 8 f.).
17 Vgl. die gleichnamige Denkschrift der EKD von 1994.

Glaube findet Sprache (Seite 8–33)

Einen Moment noch ...

Das Kapitel lädt ein zur inhaltlichen Auseinandersetzung mit dem Thema Glauben und Gottesdienstleben. Es geht zunächst um das Geschehen der Pfingstgeschichte und hier explizit um das Wirken des Heiligen Geistes, um christliche Kunst und Architektur von Kirchengebäuden, um die einzelnen Elemente des christlichen Gottesdienstes und verschiedene Gottesdienstformen sowie um das Glaubensbekenntnis und das Vaterunser. Damit folgt das Schulbuch-Kapitel auch der wichtigen Tatsache, dass der Gottesdienst von zentraler Bedeutung für die Kirche und Gesellschaft ist: „Er ist ein Ort, an dem Menschen an den symbolischen Formen des christlichen Glaubens teilhaben, Deutungsangebote für ihr Leben in Erfahrung bringen und eine Form der Gemeinschaft erleben können, die soziale Grenzen überschreitet." (Eckstein/Heckel/Weyel, Vorwort) Im Gottesdienst werden zudem alle drei Modi des praktisch-theologischen Konzepts der „Kommunikation des Evangeliums" (Grethlein) gegenwärtig, da der Gottesdienst als Ort des Lehrens und Lernens gilt und in den Modi des gemeinschaftlichen Feierns und des Helfens zum Leben gestaltet wird. Dementsprechend nehmen die SuS in diesem Kapitel die groben geschichtlichen Stationen von der Entstehung der Kirche bis zu verschiedenen Gottesdienstformen historisch und gegenwärtig wahr. Darüber hinaus wird die Sach- und Deutungskompetenz der SuS im Hinblick auf Kirchengebäude, kirchengeschichtliche Kontextualisierungen, Gottesdienstfeiern und elementare Bestandteile geschult, d.h. die SuS erarbeiten, dass sich der „Gottesdienst als Lernort" (Schröder, 23) versteht, so hängen Gebet, Gottesdienst und das gemeindliche Zusammensein immer auch mit Lernprozessen zusammen und es besteht die „Einladung aller zur Teilhabe am Lernen" (Schröder, 26). Dadurch werden sich die SuS auch ihres eigenen christlichen Glaubens bewusst. Denn sie lernen wichtige Marker des Christentums – Gemeinschaft, Glauben an die Auferstehung Jesu Christi, Gemeindeleben, Gottesdienstleben, kirchliche Gebäude, Glaubensleben – verstehen und nachzuvollziehen und reflektieren, ob sie sich selber auch als Christen bezeichnen möchten. So können sie an den Konturen der eigenen Konfessionalität arbeiten und der Religionsunterricht kann die notwendige Innenperspektive des Christentums anhand von Tradition und Fallbeispielen lebendig werden lassen.

Insgesamt ermöglicht dieses Kapitel vertieftes Erwerben der Sachkompetenz zur Kenntnis des Christentums. Damit legt es den Schwerpunkt auf die Bedeutungsebene der Kirche als Organisationsform bzw. Institution (weitere Bedeutungsebenen: Gebäude und Gottesdienst, vgl. Grethlein, Praktische Theologie, 379). Zunächst können die SuS mithilfe des Kapitels allgemein über den Glauben nachdenken und darüber, was es bedeutet, Christ zu sein. Insbesondere der Heilige Geist wird thematisiert, wobei die SuS die Begriffe „Bekenntnis", „Geist" und den dritten Artikel des Apostolischen Glaubensbekenntnisses erarbeiten. Die nachfolgenden Seiten beschäftigen sich mit verschiedenen Baustilen von Kirchen, wobei die unterschiedlichen Epochen beleuchtet werden sowie die Bedeutung dieser.

Einen weiteren Aspekt des Kapitels stellt die Kunst in Kirchengebäuden dar und was die räumlichen Kennzeichen einer evangelischen Kirche sind. Als besonderer Ablauf wird das gemeinsame Gebet nach Taizé von den SuS erarbeitet und es besteht die Möglichkeit, dass eigene ansprechende Gottesdienstformen erarbeitet werden. Performativ können verschiedene Lieder des Kapitels eingeübt werden, sodass dadurch ein Probehandeln des christlichen Glaubens gegeben ist. Die SuS setzen sich auch mit alternativen Gottesdienstformen, z.B. der Jesus Freaks auseinander, wobei sie hier ihre Urteilskompetenz vertiefen. Des Weiteren erarbeiten die SuS verschiedene Aspekte des Gebets als elementarer Bestandteil des Gottesdienstes und des christlichen Glaubens.

Fachdidaktisch erfolgt die Auseinandersetzung der SuS mit dem Thema „Glaube findet Sprache" durch die symbolisierungs- und zeichendidaktische Perspektive (nach Meyer-Blanck), da viele künstlerische Bilder betrachtet werden, die einerseits die christologische Dimension eröffnen können, andererseits die SuS als Zeichennutzer verstärkt in den Blick nehmen. Zudem wird hier die fachdidaktische performative Perspektive (nach Bernhard Dressler) relevant, da die SuS singen und beten bzw. sich mit dem liturgischen Gefühl auch in der Innenperspektive beschäftigen können. Zugleich ist immer auch die Außenperspektive durch die Reflexion gegeben, sodass die SuS sich mit dem persönlichen Glauben auseinandersetzen können.

Zum Weiterlesen

- *Dressler, Bernhard:* Darstellung und Mitteilung. Religionsdidaktik nach dem Traditionsabbruch, in: rhs 1 (2002), S. 11–19

- *Eckstein, Hans-Joachim/Heckel, Ulrich/Weyel/Birgit (Hrsg.):* Kompendium Gottesdienst, Tübingen 2011

- *Grethlein, Christian:* Praktische Theologie, Berlin/Boston 2012, S. 378–414

- *Meyer-Blanck, Michael:* Vom Symbol zum Zeichen. Symboldidaktik und Semiotik, Rheinbach 2002, 2. Auflage

- *Pfister, Stefanie/Roser, Matthias:* Symbolisierungs- und zeichendidaktische Perspektive, in: Dies., Fachdidaktisches Orientierungswissen für den Religionsunterricht. Kompetenzen, Grenzen, Konkretionen, Göttingen 2015, S. 34–43

- *Pfister, Stefanie/Roser, Matthias:* Performative Perspektive, in: Dies., ebd., 2015, S. 44–52

- *Saß, Marcell:* Schulanfang und Gottesdienst. Religionspädagogische Studien zur Feierpraxis im Kontext der Einschulung (Arbeiten zur Praktischen Theologie, Bd. 45), Leipzig 2010

- *Schambeck, Mirjam:* Bibeltheologische Didaktik, Göttingen 2009

- *Schröder, Bernd:* Religionspädagogik, Tübingen 2012

Didaktischer Kommentar

Glaube findet Sprache – zu Doppelseite 8/9

Die Auftaktdoppelseite beginnt mit einer Abbildung eines sakralen Gebäudes, wobei von oben ein Lichtstrahl den ausgestreckten Armen eines vermutlich Betenden oder Glaubenden entgegenscheint und Blüten und Blätter wie eine Botschaft der Liebe und des Glaubens durch das Bild fliegen. Hier können die SuS auch den Bezug zum Titel des Kapitels „Glaube findet Sprache" herstellen, indem sie z.B. folgende Aspekte erarbeiten:

- Das Licht könnte Gottes Antwort sein, die Blüten das Gebet des Glaubenden,
- das Gebet könnte in einem heiligen Raum, z.B. einer Kirche stattfinden,
- Glaube bedeutet Kommunikation,
- Gebet kann Kommunikation mit Gott sein,
- Kommunikation bedeutet, dass es einen Sender und einen Empfänger gibt und dass Kommunikation nicht einseitig ist,
- ein Gebet oder ein Erlebnis mit Gott kann subjektiv nicht erklärbar sein, aber dennoch im Glaubenden stattfinden,
- ein Gebet wirkt positiv und erleuchtet denjenigen, der glaubt,
- ein Gebet mit Gott kann innerhalb der Kirche, aber auch in der Natur stattfinden,
- Glaube kann gemeinsame Sprache mit anderen, die an Gott glauben, bedeuten.

Später kann die Lehrkraft den Hinweis geben, dass dies ein Foto aus dem Pantheon in Rom (609 n. Chr. zu einer Kirche geweiht) ist, bei dem die Feuerwehr an Pfingsten Tausende von roten Rosenblättern von oben durch das Okulus, das offene Dachfenster, zur versammelten Pfingstgemeinde fliegen lässt. D.h. minutenlang regnet es nach dem Segen Rosenblätter vom Himmel, die Besucher werden von diesen Blättern bedeckt und die Kinder können mit den Rosenblättern spielen. Die Rosenblätter stehen dabei als Symbol für den Heiligen Geist, der auf die Besucher „fliegt".

Das Bildmaterial der Einstiegsseite ist schülerorientiert, da hier die SuS von eigenen Erfahrungen mit Gebeten, Glauben, Kirche, Kirchengebäuden berichten können. Hier können auch entsprechende Videos im Internet dazu betrachtet und die Atmosphäre beschrieben werden.

Auf der rechten Seite der Auftaktdoppelseite wird das Kapitel inhaltlich (Wirken des Heiligen Geistes in der Pfingstgeschichte, Rolle des Heiligen Geistes für den christlichen Glauben, christliche Kunst und Architektur von Kirchenräumen, wichtige Elemente des christlichen Gottesdienstes, Unterscheidung von Bekenntnis, Predigt und Gebet, Glaubensbekenntnis, Vaterunser) vorgestellt und bereits bestehendes Vorwissen (Kirchenraumerkundung, Jugendkirche in Nürnberg, Segen als symbolische Handlung, Sprache der Psalmen, Planung einer Andacht) in Erinnerung gerufen.

Die Methoden dieses Kapitels werden zur Transparenz ebenso kurz vorgestellt: ein Bekenntnis verfassen und ein Fürbittengebet formulieren.

Was machen Glaubende denn so? – zu Doppelseite 10/11

Der Einstieg in die Doppelseite geschieht mithilfe einer Anforderungssituation, in der beschrieben wird, dass Marie, die ihren zukünftigen Mann Viktor in Kiew kennengelernt hat, vor der Hochzeit ihren Mann über den christlichen Glauben informieren möchte. Da ihr zukünftiger Mann kaum Ahnung von Religion, Glaube und Kirche hat, bittet sie ihren Bruder Max darum, Viktor die wichtigsten Elemente im christlichen Glauben nahezubringen. Die beschriebene Situation lädt schülerorientiert zur Aufgabe ein, da sich die SuS sicherlich gut mit der überraschenden Aufgabe für Max identifizieren können. Daher müssen sie sich mit dem eigenen Vorwissen auseinandersetzen und es reflektieren, denn ihre Aufgabe ist es nun, auf Karteikarten alles zu sammeln und zu sortieren, was sie über den christlichen Glauben wissen und anschließend – falls möglich – ein Erklärvideo zu drehen. Als orientierende Inhalte werden die Begriffe Pfingsten, die Elemente des Gottesdienstes, Kirchenräume und Gebet bzw. Kontaktmöglichkeiten von Christen mit Gott angegeben.

Die rechte Seite lädt zur Betrachtung der Karikatur von Tom Plaßmann mit dem Titel „Exoten" ein, wobei die SuS erarbeiten können, dass es mittlerweile nicht mehr gesellschaftlich bekannt ist, was denn einen Christen oder den christlichen Glauben ausmacht, wie es Dressler auch beschrieben hat, wenn er das „Christentum als Fremdreligion" beschreibt.

In der zweiten Frage können die SuS ihre Erfahrungen bzw. ihr Vorwissen sammeln, welches das konkrete Handeln eines Christen sein könnte. Hier kann das ZM 1 „Christentum als Fremdreligion" eingesetzt werden. Bernhard Dressler hat den Begriff „Christentum als Fremdreligion" geprägt, z.B. in: Ders., Darstellung und Mitteilung. Religionsunterricht an höheren Schulen, 45 Jg (2002), S. 11–19.

Die dritte Frage weist darauf hin, dass es nicht nur um das Handeln, sondern insbesondere um den Glauben von Christen geht, welcher bei der Frage „Was macht man da so?" nicht impliziert ist.

Abschließend können sich die SuS in der vierten Aufgabe darüber austauschen, welches für sie die wichtigsten Aspekte des Glaubens sind.

Wie wird der Heilige Geist spürbar? – zu Doppelseite 12/13

Der Einstieg in die Doppelseite geschieht mithilfe einer Bildbetrachtung, die entweder mit dem ZM 2 (Bildbetrachtung: „Die Ausgießung des Heiligen Geistes" von Anton van Dyck) oder mithilfe des ZM 3 (Textverdichtung zum Bild „Die Ausgießung des Heiligen Geistes" von Anton van Dyck, 1618) geschehen kann. Anschließend können die SuS das Kunstbild mit der Illustration auf der rechten Seite vergleichen, wobei insbesondere die Flammen, die das Aufnehmen des Heiligen Geistes symbolisieren, als Gemeinsamkeit hervorgehoben werden können (erste Aufgabe).

In der zweiten Aufgabe können die SuS erläutern, was die Taube im Zusammenhang mit dem Pfingstwunder für Christen bedeuten könnte. Hier können folgende Aspekte symbolisierungs- und zeichendidaktisch erarbeitet werden:

- Die Taube steht als Symbol des Friedens und zugleich für ein neues Leben (vgl. Noah, der eine Taube aussandte, als er nur noch Wasser auf der Erde ahnte und auf Leben hoffte),
- als gute Botschaft der Hoffnung (Taube, die mit einem grünen Zweig zurückkehrt),
- Neuanfang für die Menschen, die an Jesus Christus, den Auferstandenen glauben,
- Neuanfang für die Jünger,
- Taube symbolisiert den Heiligen Geist, der trinitarisch zu Gott und Sohn und als Phönmomen für Christen dazugehört, weil der Glaube nicht rational erklärbar ist, aber Unglaubliches bewirken kann.

In der nächsten und dritten Aufgabe erklären die SuS das Wirken des Heiligen Geistes mit zwei Bildworten („wie von einem starken Wind" und „wie züngelnde Flammen"), wobei sie z.B. für den Begriff „wie von einem starken Wind" Folgendes erarbeiten können:

- Etwas Neues beginnt,
- etwas Unerklärliches beginnt,
- etwas Unverfügbares geschieht, welches spürbar, aber nicht rational erklärbar ist,
- ein neue Herausforderung, aber auch Chance hat angefangen,
- hier gibt es andere Regeln, ein anderes Leben, völlig andere Bedingungen.

Für den Begriff „wie züngelnde Flammen" können die SuS Folgendes erarbeiten:

- Jemand ist hellauf begeistert,
- man kann nicht ohne dieses Neue leben,
- man lebt für dieses Neue, denkt nur noch daran, alle Gedanken sind darauf ausgerichtet,
- man steckt andere Menschen mit der Begeisterung an,
- man brennt und leuchtet für den Glauben.

In der vierten Aufgabe wird die Urteilskompetenz der SuS eingefordert, weil sie beurteilen sollen, ob sie es angemessen finden, dass an Pfingsten oft Märkte, Volksfeste oder Kirchweihfeste stattfinden. Hier können die SuS erarbeiten, dass das Pfingstereignis unwiederholbar, unwiderruflich und einmalig geschehen ist und dass kein festliches Gemeinschaftsgefühl es ersetzen oder wiederholen kann. Zugleich kann es aber auch feierlich und angemessen sein, wenn man sich an Pfingsten an die Geburtsstunde der Kirche erinnert und z.B. die Kirche, eine kirchliche Einrichtung oder einen Gottesdienst besucht.

Mit dem Moment mal! erarbeiten die SuS, dass es schwierig ist, den Heiligen Geist überhaupt darzustellen. Hier kann fachdidaktisch gut mit der Symbolisierungs- und Zeichendidaktik von Michael Meyer-Blanck gearbeitet werden, da der Zeichennutzer verstärkt in den Blick gerät, d.h. die SuS können hier selber argumentieren, welches Symbol für sie für den Heiligen Geist steht oder welches Symbol sie wählen oder z.B. zeichnen würden.

Was heißt: an den Heiligen Geist glauben? – zu Doppelseite 14/15

Diese Doppelseite lädt die SuS dazu ein, sich mit dem Apostolischen Glaubensbekenntnis zu befassen, welches einleitend in dem Informationstext erklärt wird. Durch die anschließende Zeichnung erarbeiten die SuS Folgendes:

- Die ersten 12 Apostel waren Zeitzeugen Jesu und erlebten Jesus unmittelbar, einige erlebten auch die Ausgießung des Heiligen Geistes zu Pfingsten.
- Die frühe Kirche, die das Credo ausformulierte, kann gemeinsam mit den heutigen Christen auf die Einheit der christlichen Kirche zurückblicken, da über Jahrhunderte hinweg die verschiedenen Inhalte (Heiliger Geist, Gemeinschaft, Vergebung etc.) gemeinschaftlich geglaubt und bezeugt werden.

In der ersten Aufgabe sollen die SuS erarbeiten, weshalb das Apostolische Glaubensbekenntnis für fast alle christlichen Kirchen grundlegend ist.

In der zweiten Aufgabe beschreiben die SuS in Kleingruppen, welche Fragen und Schwierigkeiten mit dem Glaubensbekenntnis verbunden sein könnten, z.B.:

- Schwierigkeiten der Bedeutung des Heiligen Geistes, wie man ihn z.B. erklären kann,
- man kann die Frage stellen: Hatten die ersten Jünger/Apostel Jesu denn keinen Heiligen Geist?,
- oder: Haben Juden einen Heiligen Geist?,
- aus dem Bekenntnis zum Heiligen Geist ergibt sich teilweise die Infragestellung des Monotheismus aus der Perspektive anderer Religionen, weil man Gott, Sohn Jesus Christus und den Heiligen Geist bekennt,
- weitere Fragen können folgende sein: Wer sind die Heiligen? Nur die, die an Jesus Christus, den Auferstandenen glauben oder auch die Juden, die auf den Messias warten?

In der dritten Aufgabe sind die SuS aufgefordert, den dritten Artikel des Glaubensbekenntnisses auswendig zu lernen.

Hier kann das ZM 4 „Dritter Glaubensartikel" eingesetzt werden.

In der vierten Aufgabe beschäftigen sich die SuS näher mit der Grafik und betrachten sich als einen Teil der „Auslegungs- bzw. Verstehergemeinschaft" (Schambeck, Bibeltheologische Didaktik). Hier können sie erarbeiten, dass es das Gemeinschaftsgefühl gegenwärtig und historisch gesehen stärkt, da es Menschen gibt, die gegenwärtig das Gleiche glauben und sich auf das Historische beziehen.

Die fünfte Aufgabe bezieht sich auf den Text von Fulbert Steffensky „Über fremde und alte Texte", wobei hier die SuS erarbeiten können, dass es manchmal schwirig ist, zu formulieren, woran man glaubt und dass es dann hilfreich ist, wenn man die religiöse Sprache sprechen kann. Denn dadurch ist eine Ausdrucksfähigkeit gegeben, ein Rahmen, eine Orientierung, eine Struktur, ohne die man manchmal den Halt verlieren könnte. Denn weil andere es geglaubt und erhofft haben und ihre jeweiligen Erfahrungen mit Gott gemacht haben, kann es für den Glaubenden im Jetzt auch eine hilfreiche Struktur sein. Selbst wenn es einem nicht gut geht oder man vielleicht den Sinn der Worte nicht nachvollziehen kann, ist es dadurch doch möglich, der Gemeinschaft der Glaubenden weiter anzugehören und im Vertrauen auf die Wirkmächtigkeit der Worte im Glauben zu bleiben. Hier kann das ZM 5 „Sprechen/Reden über Religion und religiöse Sprache" eingesetzt werden. Zugleich fehlt bei Steffensky der individuelle und rezeptionsästhetische Aspekt des Glaubens, dass auch der Betende den Text verändern und Eigenes produzieren kann, wenn er irritiert ist oder Zweifel hat. Dann ist auch der betende Mensch in der Lage, die gegebenen Worte individuell zu interpretieren, was für die Glaubenspraxis des Protestantismus auch sehr wichtig ist.

In der sechsten Aufgabe können die SuS in eigenen Worten erklären, was das Wirken des Heiligen Geistes bedeuten könnte:
- fester Glauben ohne Zweifel,
- Glauben – trotz Zweifel,
- Hoffnung im Leben,
- gute Laune haben,
- geduldig und freundlich sein können, auch wenn es einem nicht so gut geht,
- Gottvertrauen in jeder Situation,
- Kraft/Stärke/Resilienz,
- nicht einknicken, auch wenn alle gegen einen sind,
- trotz schwieriger Umstände selbstbewusst sein.

Die Methoden-Karte „Ein Bekenntnis verfassen" kann für die Aufgaben 3 und 5 eingesetzt werden.

In der siebten Aufgabe erarbeiten die SuS, dass verschiedene alltagssprachliche Äußerungen über den „Geist" zwar nichts mehr mit dem Heiligen Geist zu tun haben, diese aber auf die starke Bedeutung des Wortes verweisen können, z. B.:

- „Ich war total begeistert" – vom Heiligen Geist erfüllt sein/begeistert sein,
- „Das war aber ein geistreicher Kommentar" – ein wichtiger Glaubensinhalt,
- „Die sind wohl von allen guten Geistern verlassen" – ohne den Heiligen Geist geht man irre und falsch,
- „Sie sind der gute Geist des Hauses" – ohne den Heiligen Geist ist auch das Herz des Glaubenden leer,
- „Man erkennt schnell, wes Geistes Kind er ist" – mit dem Heiligen Geist vollbringt man auch gute Taten, jedoch nicht mit einem vom Heiligen Geist verlassenen Herzen.

Wie modern sind Baustile? – zu den Doppelseiten 16/17 und 18/19

Die Doppelseite 16/17 beginnt mit dem Informationsabschnitt, dass Kirchengebäude Ausdruck ihrer jeweiligen Epoche sind und dass man in den Kirchen bzw. durch ihre Architektur jeweils die wichtigsten Aspekte des Glaubens zum Ausdruck bringen wollte. Dann werden die Epochen „Romanik und Gotik" auf der Doppelseite vorgestellt. Vervollständigt werden die Epochenbeschreibungen durch einen Grundriss einer romanischen Kirche sowie durch Fotos von Kirchen beider Epochen. Die dazugehörigen Aufgaben befinden sich auf der Doppelseite 18/19. Hier kann das ZM 6 „Kirchen – wozu?" eingesetzt werden. Auf der Doppelseite 18/19 werden dann die Epoche „Barock" und die Baustile zeitgenössischer Kirchen vorgestellt.

In der ersten Aufgabe sollen die SuS eine Tabelle erstellen, in welcher sie die Baustile aufschreiben und dazu den jeweiligen Grundriss, „Was die Erbauer wollten" und „Unterscheidungsmerkmal zu anderen Baustilen" erarbeiten. Hier kann auch das ZM 7 „Epochen" eingesetzt werden.

In der zweiten Aufgabe widmen sich die SuS der Architektur einer Kirche ihrer Heimatgemeinde, indem sie diese besuchen oder nach dieser im Internet recherchieren und diese beschreiben oder auch zeichnen.

In der dritten Aufgabe können die SuS begründen, warum sie welche Kirche ggf. besichtigen möchten und welche Kirche sie, wenn sie traurig wären, besichtigen würden. Hier kann Folgendes erarbeitet werden:

- Für eine Besichtigung sind meist pompöse Bauten, bunte Fenster, geschmückte und dekorative Elemente interessant.
- Für das persönliche Gebet kann alles Äußere unwichtig sein, hier ist meist ein Refugium, ein Rückzugsort, ein sicherer Ort, der Geborgenheit ausstrahlt, wichtig, an dem man in Ruhe nachdenken und sich auf Gott und das Gebet konzentrieren kann.

In der vierten Aufgabe beziehen sich die SuS auf das Eingangsbild des Kapitels, den Rosenregen zu Pfingsten im Pantheon in Rom, wobei sie bei der Recherche zu dieser Kirche Folgendes erarbeiten können:

- Das Pantheon in Rom ist ein antikes Heiligtum, welches ursprünglich allen Göttern geweiht war,
- vermutlich ist es unter Kaiser Trajan um 114 n. Chr. begonnen und unter Kaiser Hadrian zwischen 125 und 128 n. Chr. fertiggestellt worden,
- das Pantheon hat einen rechteckigen Grundriss im Norden und eine Kuppel im Süden,
- 609 wurde es in eine christliche Kirche umgewandelt und Maria sowie allen christlichen Märtyrern gewidmet.

In der fünften Aufgabe vergleichen die SuS die Kirchenräume mit dem Raum der Schule, in dem Gottesdienste stattfinden. Hier könnte auch das ZM 6 „Kirchen – wozu?" eingesetzt werden.

Kunst in der Kirche? – zu Doppelseite 20/21

Zu Beginn der Doppelseite können die SuS die Bilder der Kirchen St. Lorenz in Nürnberg und St. Florian in München-Riem betrachten.

In der ersten Aufgabe beziehen sich die SuS auf den Text der rechten Seite, der von dem Bilderverbot bzw. dem Streit um das Bild im Christentum handelt. Folgende Argumente können für das Abbilden von Bildern genannt werden:
- Exodus 20,4 muss im Kontext gelesen werden,
- Johannes von Damaskus argumentiert, dass in Bildern von Jesus das „Urbild" verehrt wird, also der unsichtbare Gott,
- Martin Luther argumentiert, dass einige nicht lesen oder schreiben können und daher Bilder zu biblischen Geschichten wichtig sind,
- der Mensch ist schöpferisch tätig und Kunst ist ein Ausdruck der menschlichen Schaffenskraft,
- christliche Künstler verleihen ihrem Glauben Ausdruck,
- manche Künstler schaffen Kunstwerke, die andere Menschen im Glauben unterstützen können, auch wenn sie selber nicht glauben.

Folgende Argumente können gegen das Abbilden von Bildern sprechen:
- Der einzelne Vers spricht gegen darstellende Kunst,
- das Judentum hat keine Bilder,
- der Islam hat keine Bilder,
- einige evangelisch-reformierte Kirchen haben ebenfalls keine Bilder,
- Kunst und Bilder sind ein Zeichen von Reichtum, so werden Kirchen ausgeschmückt, aber nicht alle Menschen können an diesem Reichtum teilhaben,
- mit dem Geld für Kirchenkunst könnte man lieber ärmere Menschen unterstützen.

In der zweiten Aufgabe beschäftigen sich die SuS mit der Bibelstelle Lukas 1,26–38 zum Bild des Künstlers Veit Stoß auf der linken Doppelseite und erarbeiten, was dem Künstler wichtig war:
- Dass sich die Nähe von Engel und Maria ausdrückt,
- dass der Engel von Gott gesandt ist (Kreuz),
- dass sich der Engel Gabriel Maria zuwendet, er hält seine Hand hoch, weil er eine würdige Autorität mit einer wichtigen Nachricht darstellt,
- dass Maria den Geist Gottes empfangen wird (Taube),
- dass dies inmitten des Rosenkranzes geschieht,
- dass Engel den Rosenkranz umgeben,
- dass Gott-Vater alles von oben überblickt, in der linken Hand hält er die Weltkugel, die rechte Hand ist zum Segen erhoben,
- dass Maria über die Nachricht sehr erschrocken ist, sodass sie ihr Buch fallen lässt und sich ihre rechte Hand erschrocken vor die Brust hält.

Der Engelsgruß soll die Worte des Engels Gabriel an Maria bezeichnen, wobei Maria erfahren hat, dass sie den Sohn Gottes gebären soll.

Bei der Beschreibung des Auferstehungsfensters in der Kirche St. Florian (dritte Aufgabe) können die SuS Folgendes erarbeiten:
- Helle, bunte Farben spiegeln die Freude über die Auferstehung wieder,
- vom Kreuz strahlen alle Farben und Formen, sogar die Lampen, aus, d.h. symbolisch alle Lichtquellen,
- das Fenster kann aufgrund der großen Glasfront je nach Lichteinfall sein Aussehen, die Farbspiele und die Intensität ändern,
- durch die schlichte und eher dunkle Umgebung wirkt das Zentrale des Christentums, die Auferstehung, besonders prägnant.

Das Moment mal! lädt dazu ein, dass man über die Frage nachdenkt, inwiefern Kirchenkunst heute noch notwendig ist und ob dieses Geld nicht lieber Armen zur Verfügung gestellt werden sollte. Abschließend sollen die SuS Stellung beziehen, ob die beiden Darstellungen in den Kirchen der linken Seite das Bilderverbot berühren. Hier können die SuS argumentieren, dass beide Darstellungen dieses nicht berühren, weil die Künstler dadurch jeweils ihrem Glauben Ausdruck verleihen und diese Bilder sehr ansprechend sind für viele Menschen, sowohl ästhetisch als auch religiös. Zudem kann man damit Menschen innerlich reicher machen, als dies Geld könnte. Beide Darstellungen erzählen eine wichtige biblische Geschichte, wobei Jesus Christus in beiden Darstellungen sehr geehrt und gewürdigt, aber keinesfalls als Bildnis angebetet wird. Hier kann das ZM 8 „Kirchenkunst" eingesetzt werden.

Woran erkennst du evangelische Kirchenräume? – zu Doppelseite 22/23

Die Doppelseite lädt mit der Abbildung eines sakralen Raumes zur Betrachtung ein, wobei die SuS vermuten können, ob dies eine evangelische oder katholische Kirche ist, bevor sie den Text lesen. Die SuS können im Text erarbeiten, dass:

- durch die Reformation die Vermittlerfunktion von Heiligen und Priestern obsolet wurde, sodass die Kirchen auch baulich verändert wurden und die räumliche Trennung zwischen Laien und Klerikern aufgehoben wurde, z.B. rückte die Kanzel näher an die Gemeinde heran,
- die Predigten auf Deutsch statt auf Latein gehalten wurden,
- Taufbecken im Blickfeld sein sollten und die Gemeindemitglieder allzeit an die eigene Taufe erinnert wurden (Sakrament),
- es zusätzlich Liedanschlagtafeln gab,
- Tabernakel zur Aufbewahrung der Hostien entfernt wurden, ebenso die Heiligenbilder und die Beichtstühle.

Die erste Aufgabe lädt dazu ein, dass die SuS die Kirche ihres Heimatortes aufsuchen, den Grundriss zeichnen und die Ausstattungsgegenstände wie Altar, Kanzel, Paramente, Kollektenkasten, Liedtafeln und Taufbecken einzeichnen. Anschließend können die SuS eine Kirchraumerkundung in der Kirche durchführen. Hier kann das ZM 9 „Kirchraumerkundung" eingesetzt werden.

In der dritten Aufgabe können die SuS wie folgt erklären, wo man in einem evangelischen Kirchenraum die beiden evangelischen Sakramente wiederfindet:
- das Sakrament der Taufe findet sich präsent durch das Taubecken wieder,
- das Sakrament des Abendmahls findet man örtlich am Altar wieder, da hier das Abendmahl mit Brot oder Oblaten bzw. Wein oder Saft eingenommen wird.

Was ist im Gottesdienst wichtig? – zu Doppelseite 24/25

Diese Doppelseite regt dazu an, über die Elemente des Gottesdienstes nachzudenken und eigene Formen eines Gottesdienstes zu entwickeln. Zunächst wird der Gottesdienst mithilfe einer Skizze auf der linken Doppelseitenhälfte als Weg grafisch dargestellt, wobei wichtige Elemente wie Eröffnung und Anrufung, Verkündigung und Bekenntnis, Abendmahl sowie Sendung und Segen genannt werden, aber auch die umrahmenden Faktoren wie Glockengeläut, Ankommen, stilles Gebet (vor dem Gottesdienst) oder nach dem Gottesdienst das Glockengeläut bzw. der Kirchenkaffee. Auf der rechten Doppelseitenhälfte finden die SuS eine kleinere Form eines Gottesdienstes, das gemeinsame Gebet nach Taizé, wobei sie die wichtigsten Elemente beider Formen wie folgt benennen können (erste Aufgabe):
- Eröffnung (Begrüßung oder bei Taizé ein Gesang),
- Eingangspsalm,
- Schriftlesung,
- Gesang nach der Lesung,
- stilles Gebet,
- Gebet oder Fürbitten,
- Vaterunser,
- Gebet,
- Segen,
- Musik zum Abschluss (bei Taizé ein Gesang).

Nach Möglichkeit sollen SuS nun selbst an einem Taizé-Gebet ihrer Gemeinde teilnehmen (zweite Aufgabe). Anschließend können die SuS den Wegcharakter eines Gottesdienstes beschreiben, dabei können sie die Wegaspekte zeichnerisch darstellen (dritte Aufgabe).

In der vierten Aufgabe beschäftigen sich die SuS mit der Predigt des Gottesdienstes, wobei sie diese kritisch beurteilen sollen. Dabei spielen einerseits die vorgegebenen Fragen, andererseits auch eigene Predigt-Hör-Erfahrungen eine Rolle. Hilfreich kann auch das ZM 10 „Predigt" eingesetzt werden.

In der fünften Aufgabe erarbeiten die SuS eigene Gottesdienstformen, die für sie interessanter sind, z.B.:
- mit einer Live-Band,
- mit einer kürzeren Predigt,
- mit mehr Beteiligung,
- mit mehr Gruppenarbeitsprozessen oder Murmelgruppen,
- mit einem Flashmob.

Was wollen wir singen? – zu Doppelseite 26/27

Die nächste Doppelseite beschäftigt sich – im Sinne einer performativen Religionsdidaktik (Dressler) – mit dem Singen im Gottesdienst oder im Musik- und Religionsunterricht. Als Einstieg kann das Bild auf der linken Seite von Hans Memling „Fünf musizierende Engel" (um 1485/90) betrachtet werden. Dann kann mithilfe des nebenstehenden Textes erarbeitet werden, dass links der Engel mit dem Psalterium steht, welches ein Saiteninstrument ist und daher für die Psalmen in der Bibel als Namensgeber fungierte. Anschließend können die SuS die Intention Luthers erarbeiten, warum er das Singen so gefördert hat:
- Reime erleichtern das Merken der Lieder und Texte, wenn man nicht lesen kann,
- die Gemeinde beteiligt sich aktiv am Gottesdienst und ist nicht nur passiv dabei,
- die Gemeindemitglieder können direkt und unmittelbar durch Lieder zu Gott reden, die Mittlerfunktion des Predigers fällt dadurch weg,
- Lieder sind ein Geschenk bzw. eine Gabe Gottes,
- man kann Anfechtungen verjagen,
- man bekommt bessere Laune,
- Trost,
- man wird ruhiger und sanftmütiger.

Hier kann das ZM 11 „Singen tut Not" eingesetzt werden. Anschließend können die Lieder im Musik- oder Religionsunterricht eingeübt werden (erste Aufgabe).

In der zweiten Aufgabe tauschen sich die SuS darüber aus, wie ihnen die Lieder gefallen haben und geben kritische Rückmeldungen.

Die dritte Aufgabe bezieht sich auf den Aspekt, dass Lieder als „Lehrmeisterin" fungieren können und die Musik bei Menschen etwas bewirken kann, wobei die SuS folgende Aspekte erarbeiten können:
- Je nach Lebenslage kann das erste Lied „Lobe den Herren" oder das zweite Lied „Du bist meine Zuflucht" als Lehrmeisterin fungieren, denn das erste Lied kann in Lebenslagen gesungen werden, in denen es einem gut geht, in denen man sich gut und geliebt fühlt und Gott danken und ihn loben möchte. Dagegen kann das zweite Lied einen ermutigen, nicht aufzugeben, wenn es einem schlecht geht, da auch Gott in schlechten Lebenslagen einem beistehen kann.
- Es kann SuS ermutigen, zu singen oder die Texte mitzusprechen, wenn sie sehen, dass andere Menschen in erdrückenden Lebenslagen ebenfalls gesungen und um Gottes Hilfe gefleht und ihm vertraut haben.
- Je nach Alter und Lebenserfahrung ist es vielleicht leichter, Gott zu loben (erstes Lied), weil man rückblickend auf sein Leben erkennt, in welchen Lebenslagen Gott doch da war und geholfen hat; dies ist leichter zu erkennen, als wenn man sich mitten in einer erdrückenden Lebenssituation befindet.
- Auch kleine Kinder singen noch recht häufig und gerne. Je älter man wird, umso weniger selbstverständlich wird das Singen.
- In manchen Kulturen fällt es schwer, Gott zu loben, wenn es einem schlecht geht, wenn man krank ist oder wenig Geld, Nahrung und Liebe hat.

Die vierte Aufgabe, die Wirkung beider abgedruckter Lieder auf sich selbst zu beschreiben, zielt auf individuelle Ergebnisse ab.

In der fünften Aufgabe erarbeiten die SuS in Kleingruppen konkrete Ideen, was eine Kirchengemeinde tun könnte, damit Lieder spannender werden, z. B.:
- Live-Band,
- moderne Lieder,
- kurze Lieder mit eingängigen Melodien,
- Lieder mit Bewegung,
- Lieder ohne Orgel, dafür mit E-Gitarre und Schlagzeug,
- Lieder aus den Charts einspielen,
- Lieder tanzen.

Gottesdienst – immer dasselbe? – zu Doppelseite 28/29

Diese Doppelseite bezieht sich auf die unkonventionellen Gottesdienstformen der Jesus Freaks, die statt zum Gottesdienst zu einer „Jesus-Party" einladen. Eingangs können die SuS zunächst den Ausschnitt der Jesus Freaks und den Info-Text lesen und herausarbeiten, was Jesus Freaks an herkömmlichen Gottesdiensten kritisieren:
- Geld und Steuern werden eingesammelt,
- Gottesdienste sind langweilig,
- man sitzt nicht nur still herum,
- es ist nicht intensiv genug in einem herkömmlichen Gottesdienst,
- zu starr und kalt und ohne Emotionen.

In der zweiten Aufgabe erarbeiten die SuS Argumente gegen die Behauptungen der Jesus Freaks:
- Auch in der Kirchengemeinde kann man aktive Gottesdienste gestalten,
- auch hier können Jugendgottesdienste stattfinden,
- es kann mehr Bewegung und Aktivität erarbeitet werden,
- man kann mit der ganzen Familie hingehen und hat daher auch eine Familienaktivität,
- es ist auch besinnlich und still und nicht nur aktiv,
- die Nähe zu evangelikal-charismatischen Gottesdiensten mit Missionierungstendenzen ist ggf. bei den Jesus Freaks gegeben.

In der dritten Aufgabe erarbeiten die SuS, welche Bestandteile für einen Gottesdienst wichtig sind und vergleichen diese in der vierten Aufgabe miteinander, wobei der Schwerpunkt auf die eigenen Gottesdiensterfahrungen gelegt wird.

In der fünften Aufgabe können die SuS individuell beurteilen, ob ihre eigene Familie bei einer Jesus-Party der Jesus Freaks mitmachen würde oder nicht.

In der sechsten Aufgabe erarbeiten die SuS, ob die eigene Kirchengemeinde Jugendgottesdienste anbietet. Dies kann durch eine Internetrecherche oder einen persönlichen Besuch geschehen.

Wie geht Beten? – zu Doppelseite 30/31

Diese Doppelseite beschäftigt sich mit dem Vaterunser als grundlegendem Gebet des Christentums, welches die SuS als wichtiges Kennzeichen ihres christlichen Glaubens kennenlernen. Zunächst lädt die erste Aufgabe dazu ein, das Vaterunser auswendig zu lernen, wobei die Lehrkraft ergänzen kann, dass das Memorieren eine typische Methode des protestantischen Christentums ist und dazu beiträgt, dass Traditionen weitergegeben werden.

In der zweiten Aufgabe sollen die SuS verschiedene Bitten, die im Vaterunser benannt werden, benennen. Hier können folgende SuS-Äußerungen erfolgen:
- Das Reich des Vaters soll kommen: Es soll endlich Frieden, Glück und Gesundheit sein auf Erden.
- Der Wille Gottes soll geschehen: Nicht der Menschenwille und dessen Tun und Handeln sollen die Welt bestimmen, weil dies nicht gut ist für die Welt.
- Alle Menschen sollen täglich ihr Brot bekommen: Es soll keine Hungersnot mehr auf der Welt herrschen.

- Wir Menschen sollen nicht in Versuchung geführt werden: Wir Menschen sollen Gutes und Gerechtes tun, ohne uns von anderen Dingen (Geld, Machenschaften, Ruhm …) beeinflussen zu lassen.

In der dritten Aufgabe beziehen die SuS Stellung zum letzten Satz des Info-Textes: „Denn es enthält alles, was man sich als Christ oder Christin hoffen und wünschen kann". Hier können sie folgende Aspekte erarbeiten:
- Im Vaterunser wird Gott gelobt als Allmächtiger, dessen Name geheiligt wird,
- hier wird deutlich, dass man sich Gott anvertraut,
- hier wird geglaubt, dass Gott im Leben hilft,
- man bekennt, dass Gott die Schuld der Menschen vergibt,
- man glaubt, dass man Kraft erhält, ebenfalls Schuld zu vergeben,
- man bekennt, dass man sich von Satan fernhalten möchte,
- im Vaterunser wird geglaubt, dass Gottes Reich schon auf der Erde anbricht,
- es wird bekannt, dass Gott Ewigkeit und ewige Kraft ist,
- das Gebet drückt Vertrauen und eine Lebenseinstellung aus, wobei man sich Gott ganz hingibt,
- Gott wird uns dann auch Kraft geben, Versuchungen zu widerstehen und gut und gerecht im Alltag zu handeln.

In der vierten Aufgabe experimentieren die SuS mit den verschiedenen Psalmen gedanklich und im Hinblick auf verschiedene Gebetshaltungen. Hier begründen sie, welche Haltung und welche Orte am besten zu den ausgesuchten Versen passen könnten und nehmen dabei – im Sinne der performativen Religionsdidaktik – eine „Probehandlung" vor, die sie aber auch zugleich auf der Metaebene und mit Abstand reflektieren können. Folgende SuS-Antworten könnten dabei entstehen:
- zu Psalm 69, Vers 4, „Ich bin erschöpft von meinem Rufen, es brennt meine Kehle", könnte z.B. folgende Haltung gut passen: niedergedrückte, am Boden liegende, japsende Position und folgende Orte: Sportplatz, einsamer/dunkler Ort, Schule (bei zu viel Anforderungen und Stress) etc.
- zu Psalm 104, Vers 3, „Du nimmst die Wolken zum Wagen, du fährst einher auf den Flügeln des Windes", könnte folgende Haltung passen: bewundernde, jauchzende, die Arme in die Luft bewegende Haltung und folgende Orte: hoch oben im Schulgebäude, auf einem Berg/Hügel, mitten in einem starken Wind etc.

In der fünften Aufgabe beziehen die SuS den Ausdruck „Psalmen und Gebete sind Sprachformen des Glaubens" ein und erläutern sie wie folgt:
- Glaube findet Ausdruck durch Sprache,
- Gebetsausdrücke helfen, die Gedanken zu sortieren und vor Gott zu bringen, wenn einem selbst vor Freude oder Trauer die Worte fehlen,
- es kann einen trösten, wenn man weiß, dass schon andere Menschen vor einem durch die gleichen Worte Trost gefunden haben.

In der sechsten Aufgabe beziehen sich die SuS auf die Methoden-Karte „ein Fürbittengebet formulieren" und schreiben eine oder mehrere Fürbitten.

In der siebten Aufgabe, beim Vergleich zwischen der Methoden-Karte zum Bekenntnis und der zur Fürbitte, können folgende Aspekte erarbeitet werden:
- sprachliches Merkmal für ein Fürbittengebet ist: „Herr, unser Gott" oder „Lieber Gott" etc.,
- sprachliches Merkmal für ein Bekenntnis ist: „Ich glaube."

Glaube findet Sprache – zu Doppelseite 32/33

Die linke Seite lädt mit dem Bild „Badezimmer zu Pfingsten" von Guillermo Pérez Villalta zur Auseinandersetzung und zum Rückblick mit den Inhalten des Kapitels ein. Hier können die SuS in der ersten Aufgabe zunächst die Botschaft des Bildes erarbeiten:
- Der eigene Glaube ist oft karg und leer, kann aber durch den Heiligen Geist erfrischt und erneuert werden,
- der Heilige Geist braucht Anknüpfungsmöglichkeiten, d.h. die Bereitschaft zur Aufnahme, die in einem kargen und leeren Herzensraum nicht gegeben ist,
- der Heilige Geist kann ohne Resonanz, also ohne Menschen, die ihn aufnehmen, nicht wirken, sondern er bedarf auch Menschen, die ihn aufnehmen, spüren, weiterleiten, sonst verbleibt er ohne Wirkung,
- der Heilige Geist ist ein Produkt des Glaubens und nicht jeder kann ihn wahrnehmen.

Didaktisch ist darauf zu achten, dass die SuS nicht die Trostlosigkeit des Bildes in den Vordergrund bringen, da das leere und nackte Badezimmer und die einsame Taube wenig motivierend wirken. Hier können die SuS ein Gegenbild malen, welches das Badezimmer „geisterfüllt" zeigt, z.B. mit Menschen, die lachen, tanzen, glücklich sind, sich gegenseitig beim Friesieren helfen o.Ä. Es könnte auch sein, dass SuS ggf. das Badezimmer mit einem Duschraum im Konzentrationslager vergleichen (z.B. aufgrund der Duschen und der übermittelten Trostlosigkeit), hier kann erarbeitet werden, dass es immer schon Zeiten, Situationen und Orte ohne den spür- und sichtbaren Heiligen Geist gegeben hat und gibt. Überwiegen sollte jedoch eine Hoffnungsbotschaft, welche rückwirkend auf die Aspekte des Kapitels verweisen kann.

In der zweiten Aufgabe schreiben die SuS einen kurzen Text für eine fiktive Gemeindebriefausgabe zu Pfingsten. Hier können sie individuelle Aspekte des Bildes einarbeiten, sodass die Leser*innen zum Nachdenken angeregt werden.

Die rechte Seite gibt zunächst auf einen Blick die erarbeiteten Inhalte und Kompetenzbereiche des Kapitels wieder. Zudem setzen die SuS die erarbeiteten Inhalte in Bezug zu anderen Religionen, z.B. beim „Wiedergeben und beschreiben". Bei den Aufgaben, dass die SuS ein Kreuzzeichen deuten oder ein Bekenntnis verfassen sollen, werden ihre Kompetenzen im Bereich „Wahrnehmen und deuten" gefördert. Bei den Aufgaben, dass die SuS Argumente zum Rosenregen im Pantheon nennen, den Psalm 23 als Gebet beurteilen und Lieder Epochen zuordnen, zeigen die SuS ihre Reflexions- und Urteilskompetenz. Wenn die SuS eine Liste mit sieben wichtigen Punkten für einen Kirchenbau erarbeiten oder ihre anfänglichen Karteikarten überarbeiten, zeigen sie ihre Kompetenz im Bereich „Sich ausdrücken und kommunizieren". So können die SuS prüfen, ob sie in den vier Kompetenzbereichen diese Kompetenzen tatsächlich erworben haben. Sie können sich in PA darüber austauschen und zu jedem Kompetenzbereich Beispiele und Antworten finden. Wichtig ist auch, dass die Lehrkraft offenen Fragen Rechnung trägt und diesen Raum gibt.

1 Übersicht: Zusatzmaterial

Zusatzmaterial: Übersicht

ZM 1	„Christentum als Fremdreligion"
ZM 2	Bildbetrachtung: „Die Ausgießung des Heiligen Geistes" von Anton van Dyck (1618)
ZM 3	Textverdichtung zum Bild „Die Ausgießung des Heiligen Geistes" von Anton van Dyck (1618) in Kleingruppen
ZM 4	Dritter Glaubensartikel des Apostolischen Glaubensbekenntnisses
ZM 5	Sprechen/Reden über Religion und religiöse Sprache
ZM 6	Kirchen – wozu?
ZM 7	Epochen
ZM 8	Kirchenkunst
ZM 9	Kirchraumerkundung
ZM 10	Predigt
ZM 11	Singen tut not

Name: _____ Klasse: _____ Datum: _____   ZM 1   **1**

„Christentum als Fremdreligion"

Jana: Ich weiß überhaupt nicht, was ich auf die Karteikarten schreiben soll. Für mich ist das Christentum absolut fremd, fast wie eine fremde Religion geworden.

Theo: Ja, ich verstehe dich. Ich weiß auch nicht, warum man wieder so viel vergessen hat bzw. in der Familie gar nicht gelernt hat, denn ich weiß nur, dass man an Jesus Christus glaubt, der an Weihnachten geboren und an Ostern gestorben und wieder auferstanden und dann in den Himmel aufgefahren ist …

Jana: Naja, das ist nun wirklich keine Kunst und selbst da kommen wir ja schon durcheinander, denn Jesus ist ja nicht an einem Tag gestorben, auferstanden und wieder in den Himmel aufgefahren …

Theo: Okay, du hast recht. Wir machen jetzt ein Experiment. Wir betrachten das Christentum wie eine völlig fremde Religion und überlegen, was wir über diese wissen möchten.

Jana: Also, zunächst einmal möchte ich wissen: Ist das Christentum eine friedliche Religion? Wer hat sie gegründet? Wann ist sie entstanden?

Theo: Wer war bei der Religionsgründung dabei?

Jana: Was ist das Besondere an der Religion?

Theo: _____

Jana: _____

Theo: _____

Jana: _____

Theo: _____

Jana: _____

Aufgaben
1. Lies dir den Dialog durch und beschreibe, was mit der Aussage des Marburger Religionspädagogen Bernhard Dressler, das Christentum sei eine Fremdreligion geworden, gemeint sein könnte.
2. Beschreibe, welche gesellschaftlichen Prozesse dazu geführt haben, dass das Christentum wie eine Fremdreligion ist.
3. Ergänze den Dialog um weitere Fragen und Antworten.

Autorin: Stefanie Pfister

Bildbetrachtung: „Die Ausgießung des Heiligen Geistes" von Anton van Dyck (1618)

Info: Die Ausgießung des Heiligen Geistes
Das Bild „Die Ausgießung des Heiligen Geistes" von Anton van Dyck (1599–1641) ist im Jahr 1618 entstanden und war Teil einer Serie von drei Bildern, die in einer Abtei in Brügge hingen.
Anton van Dyck bezieht sich auf die Apostelgeschichte 2,1–4 und stellt die Ausgießung des Heiligen Geistes dar, welche bewirkte, dass alle Menschen in anderen Sprachen redeten und predigten.
Von oben sieht man göttliches Licht, welches symbolisch – durch die Taube dargestellt – den Heiligen Geist auf die Apostel schweben lässt. Die Flammen über den Köpfen bedeuten die Aufnahme des Heiligen Geistes.

1. **Spontane Wahrnehmung**
   Betrachtet das Bild in Ruhe und tauscht euch in Partnerarbeit über folgende Fragen aus:
   - Beschreibt spontan, was ihr auf dem Bild seht.
   - Was fällt euch auf?
   - Was gefällt euch?
   - Was gefällt euch nicht?

2. **Beschreibungen**
   Beschreibt euch gegenseitig in Partnerarbeit die Farben, Bewegungen, Haltungen auf dem Bild.
   - Wie ist das Bild aufgebaut? Versucht bitte, genau auf die Farben zu achten.
   - Beschreibt die Bewegungen/Haltungen.
   - Stellt die Haltung der Personen nach.

3. **Phase der Innenkonzentration**
   Beschreibt, was das Bild in euch auslöst.
   - Wenn ihr das Bild auf euch wirken lasst, was löst es bei euch aus?
   - Wie wirkt das Bild auf euch?
   - Was fühlt ihr?

4. **Analyse des Bildgehalts**
   Beschreibt, was das Bild bedeuten könnte und wie es sich erklären oder interpretieren lässt. Nutzt hier die Informationen im Info-Text.
   - Was ist nun dargestellt?
   - Was hat es zu bedeuten?

5. **Identifizierung mit dem Bild**
   Verortet euch im Bild, beschreibt also, wo ihr euch vorstellen könntet, einen Platz einzunehmen.
   - Wenn ihr euch im Bild einen Platz suchen würdet, wo würdet ihr sein wollen?
   - Wenn ihr euch im Bild verorten würdet, wo würdet ihr stehen?
   - Begründet.

6. **Tragt eure Ergebnisse der Gesamtgruppe vor.**

Name: Klasse: Datum: ZM 3

Textverdichtung zum Bild „Die Ausgießung des Heiligen Geistes" von Anton van Dyck (1618) in Kleingruppen

Aufgaben
1. Schaue dir in Ruhe das Bild an und stelle dir die Situation und die Gedanken der Personen vor. Suche dir eine Person aus.
2. Schreibe in kurzen Sätzen und in lesbarer Schrift einen Text zu dieser Person. Beschreibe dabei, was du siehst und fühlst, was du an dem Bild gut findest oder die Person denken oder fühlen könnte. Du kannst in Ich-Form oder in Er-Form schreiben.
3. Wenn das Signal (Klangschale) ertönt, legst du dein Textblatt auf den Tisch, damit die anderen deinen Text lesen können. Nun rutsche auf den Platz deines rechten Nachbarn/deiner rechten Nachbarin und lies dessen/deren Text.
4. Dann schreibe auf einen Papierstreifen (Tischmitte) den Satz aus dem Text ab, der dir am besten gefällt. Lege den Streifen umgedreht (mit der Schrift nach unten) neben den Text.
5. Wenn alle in der Gruppe fertig sind, rutschst du wieder einen Platz weiter und machst das gleiche mit dem nächsten Text usw.
6. Wenn du wieder an deinem Platz angekommen bist, drehst du die Streifen um und liest dir alle Sätze deiner Gruppe durch. Vielleicht entdeckst du einen Satz sogar mehrmals, weil er den anderen gut gefallen hat.
7. Lege die Streifen in eine Reihenfolge, die dir gefällt, klebe sie auf und schreibe eine Überschrift dazu.

Zusatzaufgabe
Falls du schon fertig bist, schreibe diesen neu entstandenen Text ordentlich auf das Arbeitsblatt und gestalte es kreativ.

Dritter Glaubensartikel des Apostolischen Glaubensbekenntnisses

Ich
glaube
an Gott,
den Vater,
5 den Allmächtigen,
den Schöpfer
des Himmels und der Erde.

Und an Jesus Christus,
seinen eingeborenen Sohn,
10 unsern Herrn,
empfangen durch den Heiligen Geist,
geboren von der Jungfrau Maria,
gelitten unter Pontius Pilatus,
gekreuzigt, gestorben und begraben,
15 hinabgestiegen in das Reich des Todes,
am dritten Tage auferstanden von den Toten,
aufgefahren in den Himmel;
er sitzt zur Rechten Gottes,
des allmächtigen Vaters;
20 von dort wird er kommen,
zu richten die Lebenden und die Toten.

Ich glaube an den Heiligen Geist,
die heilige christliche Kirche,
Gemeinschaft der Heiligen,
25 **Vergebung der Sünden,**
Auferstehung der Toten
und das ewige Leben.
Amen.

Aufgaben
1. Lies dir in Ruhe das Glaubensbekenntnis mehrfach durch. Markiere in jedem der drei Artikel zwei Wörter oder Satzteile, die du besonders wichtig oder eindrucksvoll findest.
2. Nun lest ihr als Religionsgruppe reihum nur eure markierten Wörter/Satzteile langsam und laut vor.
3. Beschreibt eure Eindrücke. Besprecht, warum manche Wörter/Satzteile so häufig vorgekommen sind.
4. Sucht euch in einer Kleingruppe eure Lieblingssätze heraus und zeichnet dazu gemeinsam ein Bild.

Sprechen/Reden über Religion und religiöse Sprache

Wichtig ist, dass man im Religionsunterricht zwischen dem Sprechen/dem Reden über Religion und religiöser Sprache unterscheidet:
So gibt es die **Sachverhaltsvermutungen** (im Sinne von puto: vermuten, glauben, also die **Rede über Religion**), dies ist z. B. im Religionsunterricht wichtig, sodass man über die Glaubensinhalte des Christentums
5 oder anderer Religionen reden kann.
Und es gibt die **Sprechakte** (im Sinne von credo: ich glaube/vertraue, **religiöse Sprache**): Wenn ein Mensch glaubt und religiöse Sprache – z. B. ein Gebet – benutzt, dann kann im Sinne von credo, also im Glauben, etwas geschehen, was man nicht beschreiben kann, was also unverfügbar ist. Dies können Worte, Gebete, Rituale oder eine bestimme Haltung oder Einstellung sein. Dies sollte zwar nicht das Ziel des Religions-
10 unterrichts sein, aber es kann durchaus im Religionsunterricht bei Einzelnen oder dem gesamten Kurs geschehen, wenn etwas besonders eindrücklich ist.

Aufgaben
1. Beschreibe den Unterschied zwischen Sprechen/Reden über Religion und religiöser Sprache in eigenen Worten.
2. Beschreibe, warum es als Christ wichtig ist, zwischen dem Sprechen/Reden über Religion und religiöser Sprache zu unterscheiden.
3. Begründe, warum es nicht das Ziel des Religionsunterrichts sein kann, religiöse Sprachhandlungen in den Schülerinnen und Schülern zu bewirken.
4. Beschreibe, in welchen Situationen es aber im Religionsunterricht zu religiöser Sprache – z. B. durch den Heiligen Geist – kommen könnte. Nennt Beispiele.

Name: _____ Klasse: _____ Datum: _____ ZM 6

Kirchen – wozu?

Lisa: Ich verstehe es nicht. Warum besteht denn unsere Relilehrerin unbedingt darauf, dass wir schon wieder in die Kirche laufen müssen? Jedes Jahr das Gleiche, dabei haben wir doch hier eine große Aula an der Schule, dort können wir doch auch den Schulgottesdienst abhalten.

Anne: Ja, mich nervt es auch schon langsam, dass wir dahin müssen, außerdem muss man immer leise sein in der Kirche und die Stimmung ist echt erdrückend …

Siki: Naja, wenn ich ehrlich sein soll, finde ich die Stimmung schon ganz schön in der Kirche, also es ist so würdig-feierlich …

Lisa: Ja, aber das ist auch das einzige, man kann doch auch in der Aula leise und andächtig sein …

Siki: Ja???

Anne: _____

Siki: _____

Lisa: _____

Anne: _____

Aufgaben
1. Lies dir das Gespräch durch und ergänze es.
2. Sammelt in Partnerarbeit Pro- und Kontra-Argumente zu der Frage „Muss ein Schulgottesdienst in einer Kirche stattfinden?".

Pro: **Ein Schulgottesdienst sollte in einer Kirche stattfinden, weil …**	**Kontra:** **Ein Schulgottesdienst muss nicht zwingend in einer Kirche stattfinden, weil …**
… dort ein heiliger Raum ist.	… man eine heilige Atmosphäre auch überall spüren kann.
… man sich dort besser auf Gott konzentrieren kann.	… weil Gott überall und nicht von einem Raum abhängig ist.

3. Ziehe ein Fazit für dich und begründe.

Name: Klasse: Datum: ZM 7

Epochen

	Romanik (etwa 950–1200)	Gotik (etwa 1150–1500)	Barock (etwa 1600–1770)	zeitgenössische Kirchen
Grundriss	Grundform ist das Kreuz			
„Was die Erbauer wollten"	Jesus Christus sollte übergroß dargestellt werden			
„Unterscheidungsmerkmal zu anderen Baustilen"	dicke Mauern wie eine Burg, kleine Fenster, innen: vollständig bemalt …			

Aufgaben
1. Lies dir die Seiten 16–19 in deinem Schulbuch durch und ergänze die Tabelle.
2. Betrachte die Fotos aus der Jugendkirche LUX in Nürnberg. Beschreibe, was sie von den Kirchen, die du bisher kennengelernt hast, unterscheidet.

Name: Klasse: Datum: ZM 7

Kirchenkunst

Aufgabe
Suche dir eine Vorlage aus und gestalte sie für eine Kirche deiner Fantasie.
Du kannst natürlich auch etwas ganz Eigenes zeichnen.

Name: Klasse: Datum: ZM 8

Name: Klasse: Datum: ZM 9

Kirchraumerkundung

1. Beschreibe deinen ersten Eindruck bzw. die Gesamtatmosphäre der Kirche (Umfeld, Straße, Häuser, Lichtverhältnisse, Gerüche, Räume, Aufteilung usw.).

   _____
   _____
   _____

2. Geht zunächst einmal zu zweit um die Kirche herum und lasst das Gebäude auf euch wirken. Beschreibt die Wirkung auf euch.

   _____
   _____
   _____

3. Nun gehe alleine durch den Kircheninnenraum. Suche dir einen Lieblingsplatz aus und setze dich dort in Ruhe hin. Lass den Kircheninnenraum auf dich wirken (Geräusche, Gerüche, Farben, Anordnung der Bänke usw.). Beschreibe deine Gefühle und Gedanken.

   _____
   _____
   _____

4. Suche Symbole in der Kirche und zeichne sie auf. Wenn du die Bedeutung weißt, schreibe sie dazu.

5. Suche dir einen biblischen Text aus und lies einen kurzen Abschnitt von der Kanzel aus. Bitte ein paar Mitschülerinnen und Mitschüler, dir zuzuhören und lass dir von ihnen sagen, wie deine „Lesung" gewirkt hat. Beschreibe, wie du dich gefühlt hast, als du gelesen hast.

   _____
   _____
   _____

Autorin: Stefanie Pfister

| Name: | Klasse: | Datum: | ZM 9 |

6. Beschreibe, was dich positiv überrascht in der Kirche.

7. Beschreibe, was dich negativ überrascht in der Kirche.

8. Lass dich von einem Partner oder einer Partnerin, dem oder der du vertraust, blind durch die Kirche führen. Beschreibe anschließend, wie du dich gefühlt hast.

9. Beschreibe, was du ändern würdest, wenn du es könntest. Beschreibe, was du z. B. umstellen oder farblich anders gestalten würdest.

10. Tauscht euch in der Gruppe aus und recherchiert nach Antworten auf die offengebliebenen Fragen.

© Ernst Klett Verlag GmbH, Stuttgart 2020 | www.klett.de | Alle Rechte vorbehalten. Von dieser Druckvorlage ist die Vervielfältigung für den eigenen Unterrichtsgebrauch gestattet. Die Kopiergebühren sind abgegolten.

Autorin: Stefanie Pfister

Predigt

Liebe Hörerinnen und Hörer – oder sollte ich besser sagen, liebe Sinnsuchende?

Sinn – so wird vermutet – kommt vom altdeutschen Wort sinnan, was so viel bedeutet wie reisen, streben. Wer sich auf Religion versteht, der weiß, dass wir immer Suchende und Fragende bleiben werden. Der Glauben ist kein Wissen an sich oder kann zu einem solchen werden. So habe auch ich mich auf die
5 Suche nach dem Sinn des Lebens gemacht. Habe in die Bibel und schlaue Bücher geschaut, mit anderen gesprochen, bin ins Nachdenken gekommen. Und dann wurde mir eine mögliche Antwort in der letzten Woche im Konfirmandenunterricht geschenkt. Auf die Frage nach dem Sinn des Lebens trugen die Konfirmanden allerlei Antworten auf die Frage nach dem Sinn des Lebens zusammen:
- Träume verwirklichen!
10 - Familie und Kinder!

Und dann brach es aus einer Konfirmandin förmlich heraus, sie sagte: „Du wirst geboren, erblickst das Licht der Welt und dann sind da Menschen um dich, die dich sofort lieben. Und wenn du größer wirst, sind da wieder Menschen, die dich lieben. Und dieses Gefühl kannst du dann an die weitergeben, die sich nicht geliebt fühlen." Mich hat ihre Antwort überzeugt, mitten ins Schwarze getroffen! Und die Konfirmandin hat mit Blick auf
15 den Sinn des Lebens ein tiefes Geheimnis benannt.

So wie es einst Erich Fromm beschrieben hat: „Ohne Liebe könnte die Menschheit nicht einen Tag existieren." Jeder von uns sucht Liebe, die dauert und bleibt, die es ernst meint und sich bewährt. Alle Religionen nehmen diese Sehnsucht auf und gestalten sie unterschiedlich. Wenn wir in unserer christlichen Tradition danach fragen, dann stoßen wir auf eine Aussage, die viele von uns hier heute Morgen schon irgendwann einmal
20 gehört haben:

Gott ist die Liebe,
das haben viele von uns sicher schon einmal voller Hoffnung angenommen, aber dem haben ebenso viele auch in Momenten tiefer Verzweiflung widersprochen.

Gott ist die Liebe,
25 und weil wir das in unserem Glauben für wahr halten, kann es folgerichtig bei der Suche nach dem Sinn des Lebens für den Glaubenden nur eine Fortsetzung geben: „Gott ist die Liebe und wer in der Liebe bleibt, der bleibt in Gott und Gott in ihm." So wie es im 1. Brief des Johannes geschrieben steht.

Doch was heißt das nun konkret für unser Leben, für unsere Suche nach dem Sinn des Lebens?
30 Dazu drei Gedanken:

1. Liebe ist eine Haltung

Liebe meint eben nicht nur, im siebten Himmel zu schweben. Sie ist eben nicht zuerst ein Gefühl oder eine Stimmung, sondern eine Haltung – sich dem Leben zu stellen und zu begegnen. Und wenn ich sie beschreiben sollte, dann würde ich sagen: „Die Liebe ist wie eine Himmelsmacht!"
35 Ein Kraftfeld, das die uns bekannte Welt von allen Seiten umgibt; die Menschen erfüllt, die Seelen ergreift und Hände zum Handeln bewegt; die uns aufeinander achten lässt. Liebe ist nicht nur auf eine Person bezogen! Liebe ist universal!
- Liebe zur Natur,
- Hingabe an eine Aufgabe,
40 - gelebte Solidarität mit allen Menschen,
- Leidenschaft für das Gute.

Gott will uns als Mitliebende! Kein Wunder, dass der Apostel Paulus sagen kann: „All eure Dinge lasst in der Liebe geschehen."

2. Liebe ist ein Geschenk
45 Wenn wir an wichtigen Stellen in unserem Leben nicht weiterkommen, wenn wir meinen, den Boden unter den Füßen zu verlieren, wenn wir das Gefühl haben, dass uns keiner versteht, dann mögen wir uns von dieser Liebe getragen fühlen.

| Name: | Klasse: | Datum: | ZM 10 | **1** |

So wie dies die Menschen damals in der Begegnung mit Jesus spürten. In dieser Begegnung mit Jesus muss ihnen etwas aufgegangen sein. Er schenkte ihnen die Liebe Gottes ohne Vorbehalte. Da, wo sie verzweifelten,
50 wo sie sich ganz unten wähnten, da spürten sie, ist Gott ihnen in Jesus ganz nah. Er nimmt mein Leben in seine Obhut. Er richtet auf von unten nach oben und alle sollen das wissen.
Wenn wir diese Liebe spüren und sei es nur für einen kurzen Moment, dann wird es uns gehen wie Verliebten, dann werden wir die Welt mit neuen Augen sehen und wissen, dass es wunderbar ist, zu leben.

3. Liebe bedeutet Veränderung

55 Die Liebe Gottes, sie traut uns viel zu und will die Welt verändern. Erinnern wir uns an die Geschichten von Jesus. Trennen wir nicht nach Geschlecht, nach Hautfarbe oder Rasse? Es gibt genug Menschen, die in diesen engstirnigen und leidbringenden Kategorien denken. Liebende Menschen können Teufelskreise durchbrechen. Alles Leben auf diese Erde ist wertvoll und gesegnet. Und alle Geschöpfe brauchen unsere Liebe. Wenn wir alle das schaffen würden, dann könte es unserer Welt wieder besser gehen. Und doch
60 resignieren wir oft, weil wir spüren, dass diese Liebe in unserer Welt oft gekreuzigt und vergiftet wird. Doch das Reich Gottes beginnt mitten unter uns und wirkt in unsere Welt hinein. Gottes Liebe, die uns durch Jesus Christus ergreift, garantiert nicht, dass wir in dieser Welt immer Erfolg haben. Aber sie eröffnet ein Reich, in dem der Erfolg nicht alles ist und sie kann dadurch etwas bewegen.

Wir sind jetzt am Ende der Predigt, aber nicht am Ende der Suche nach dem Sinn des Lebens. Macht euch
65 nun auf! Werdet nicht müde, nach dem Sinn zu suchen! Haltet eure Suche durch! Haltet fest an der Liebe Gottes und zueinander, gegen alle widrigen Umstände des Lebens! Ich bin mir sicher, ihr werdet den Sinn des Lebens finden, mal so oder auch ganz anders; ihn in Gesprächen oder ihn in Erlebnissen geschenkt bekommen – niemals als Wissen für immer, aber immer in der Freiheit unseres Glaubens und in der Liebe unseres Herrn Jesus Christus.

70 Amen!

Aufgaben
1. Setzt euch in Kleingruppen zusammen. Einer liest die Predigt von Frank Winkelmeyer (Epiphanias-Kirche Münster) im Stehen vor, so als ob er die Predigt in einem Gottesdienst halten würde. Die anderen hören aufmerksam zu.
2. Nun beantworte in der Tabelle die folgenden Fragen und nenne Verbesserungsvorschläge.

Fragen	Antworten	Verbesserungsvorschläge
Konnte ich gut zuhören oder waren die Sätze zu lang?		
Habe ich „etwas zum Mitnehmen" aus der Predigt gezogen?		
Bin ich nach dem Hören im Glauben gestärkt, dass Gott mich nicht verlässt?		
Bin ich beim Hören innerlich ausgestiegen? Wo?		
Habe ich mich über etwas geärgert? Über was?		
Hat ein Vers oder eine biblische Geschichte eine Rolle gespielt?		
Könnte ich in einem Satz sagen, worum es in der Predigt ging?		

| Name: | Klasse: | Datum: | ZM 10 |

3. Schreibt Pfarrer Winkelmeier einen Brief oder eine E-Mail, wobei ihr beschreibt, was euch gut gefallen hat oder ob ihr Verbesserungsvorschläge für ihn erarbeitet habt.

Sehr geehrter Herr Winkelmeyer,

_____

_____

_____

_____

_____

_____

_____

_____

_____

_____

_____

_____

_____

_____

_____

_____

_____

_____

_____

_____

_____

_____

_____

4. Benennt weitere Aspekte und Möglichkeiten, wie eine Predigt für Jugendliche spannender sein könnte.

Singen tut not

„Nirgends steht geschrieben, dass Singen Not sei"[1], befand Theodor W. Adorno 1956 vor dem Hintergrund der im Nationalsozialismus missbräuchlichen Nutzung der Liedkultur.
Die in den 1960er-Jahren öffentliche, besonders aber in der Musikpädagogik geführte Debatte, hatte u. a. zur Folge, dass das gemeinschaftliche Singen im Musikunterricht einer eher theoretischen Beschäftigung mit Musik wich und – gesellschaftlich gesehen – Singen an Ansehen verlor.[2] Diese Entwicklung ist seit einigen Jahren zwar rückläufig, dennoch sind die Auswirkungen bis heute spürbar: Singen in der Familie ist beispielsweise keine Selbstverständlichkeit mehr. Dieser Befund wurde auch in der qualitativen Befragung der 45 Konfirmandinnen und Konfirmanden zum Evangelischen Gesangbuch bestätigt: Kaum jemand gab an, bei familiären Anlässen zu singen. Gesungen wird nach Angabe der Jugendlichen – abgesehen von der Mitwirkung in Chören – vornehmlich im Gottesdienst und im Musikunterricht, d. h. prägende (gemeinschaftliche) Erfahrungen mit dem Singen werden im schulischen und im kirchlichen Kontext gesammelt.

Für den kirchlich-gottesdienstlichen Kontext zeigen die Gruppendiskussionen wenig positive Befunde in dieser Hinsicht:
Die Konfirmandinnen und Konfirmanden empfinden die Lieder des Evangelischen Gesangbuches als altmodisch. Dies liegt u. a. an den für die Konfirmandinnen und Konfirmanden veralteten, zum Teil nicht mehr verständlichen Liedtexten sowie den subjektiv oftmals als langsam und monoton empfundenen Melodien.
So kommentiert im Interview eine Konfirmandin die Lieder des Evangelischen Gesangbuches folgendermaßen: „Die sind auch langsamer und nicht so schwungvoll und sind schon so, man könnte auch sagen, langweilig."[3]
Die Verständnisschwierigkeiten bei den Texten, insbesondere bezogen auf altertümliche Begriffe, sowie die z. T. hohen Tonlagen der Melodien erschweren zudem das Mitsingen, wie z. B. im Interview deutlich wird:
Konfirmandin: „Ich finde, wenn man jetzt zum Beispiel halt singt, und man kommt mal eben halt kurz nicht mit oder versteht das Wort nicht, dann muss man das erstmal richtig durchlesen und dann sind die bei einer ganz anderen Stelle, und die findet man halt nicht und dann ist das so ooohhh (verdreht die Augen), dann kannst du das Lied halt nicht mitsingen und dann ist das halt so langweilig."[4]
Insgesamt kann festgehalten werden, dass der Gesang im kirchlichen Kontext offenbar keine Begeisterung am gemeinschaftlichen Singen bei den Jugendlichen auslöst. Vielmehr tragen die Lieder dazu bei, dass sich die Konfirmandinnen und Konfirmanden im Gottesdienst langweilen.[5]
Der Eindruck, der in den Gruppendiskussionen entstand, war, dass für die Konfirmandinnen und Konfirmanden der gottesdienstliche Gemeindegesang wie eine fremde Welt erscheint – der sie entweder ablehnend begegnen, oder – in der wohlmeinenderen Variante – diese Fremdheit als typisches Kennzeichen von Kirche für sich einordnen. [...]
Bedenkenswert finde ich diesen Befund auch vor dem Hintergrund des eingangs erwähnten, aktuellen gesellschaftlichen Aufwärtstrends in der Bewertung des (gemeinschaftlichen) Singens. Hervorgerufen wurde diese veränderte Sichtweise auf das Singen u. a. durch wissenschaftliche Studien, die den positiven Einfluss des Singens auf die körperliche und seelische Gesundheit des Singenden, die Verbesserungen verschiedenster Fähigkeiten in der frühkindlichen Entwicklung etc. nachweisen.[6] Sichtbar wird diese Veränderung u. a. in einer Zunahme von Laienchören (gerade auch im Kinder- und Jugendbereich), Song-Wettbewerben sowie auch in dem aktuellen Trend des „Rudelsingens", bei dem die Teilnehmenden für die Möglichkeit zahlen, zwanglos in Gemeinschaft zu singen ohne über eine „chorerprobte" Singstimme verfügen zu müssen. Es geht einzig um die Freude am gemeinschaftlichen Singen.
Genau in dieser zuletzt genannten, ungezwungenen, nicht auf Leistung bedachten Art und Weise des Singens kann sich dessen positive Kraft am wirkungsvollsten entfalten.
Diese zwanglose Form wiederum zeichnet meines Erachtens auch das Singen als Element der Kommunikation des Evangeliums im Modus des gemeinschaftlichen Feierns aus.

| Name: | Klasse: | Datum: | ZM 11 |

45 Insofern bietet der Anlass der Neuauflage des Evangelischen Gesangbuchs die Chance, grundsätzlich die Praxis der gegenwärtigen kirchlichen Gesangskultur zu überdenken bzw. zu überlegen, das existentielle Bedürfnis von Menschen, (gemeinschaftlich) zu singen, im kirchlichen Rahmen aufzunehmen und zu fördern. Neben den bereits zahlreichen konstruktiven Ansätzen […] würde dies für mich bedeuten, generell die Gelegenheiten des gemeinschaftlichen Singens an allen möglichen Orten der Kommunikation des Evangeliums,
50 wie z. B. der Familie, der Kindergärten, der Schule, der Diakonie und der Medien auszuweiten. […]

Singen tut Not – vom Säugling bis zum Senior.

Dr. Stephanie Barthel (Münster/Marburg)

Aufgaben
1. Lies dir den Aufsatz über das Singen von Dr. Stephanie Barthel durch und unterstreiche wichtige Aspekte.
2. Die Verfasserin des Textes hat Jugendliche zu ihrer Einstellung zu Liedern im Gottesdienst und dem Evangelischen Gesangbuch befragt. Begründe, ob du diesen Jugendlichen zustimmen würdest oder nicht (Zeile 17–25).
3. Beschreibe deine eigenen Erfahrungen mit Liedern im Gottesdienst.
4. Beschreibe, warum das Singen in der Familie keine Selbstverständlichkeit mehr sein könnte.
5. Benenne positive Aspekte vom Singen – alleine und in der Gemeinschaft.
6. „Singen tut Not – vom Säugling bis zum Senior." Erläutere diesen Satz der Verfasserin in eigenen Worten.

---

[1] Adorno, Theodor W.: Dissonanzen. Musik in der verwalteten Welt. Göttingen 1956, 6. Aufl. 1982, S. 75.
[2] vgl. Adamek, Karl: Singen als Lebenshilfe. Zu Empirie und Theorie von Alltagsbewältigung, Münster 1996, 4. Aufl. 2008, S. 36 f.
[3] Barthel, Stephanie, „Ein Hoch auf Jesus.", in: Liturgie und Kultur, 2–2019, S. 70.
[4] ebd., S. 71.
[5] vgl. hierzu die Ergebnisse der Bundesweiten Konfirmandenstudien: Schweitzer, Friedrich/Maaß, Christoph H./Lißmann, Katja u. a.: Konfirmandenarbeit im Wandel – Neue Herausforderungen und Chancen. Perspektiven aus der zweiten bundesweiten Studie, Gütersloh 2015, S. 85 ff.
[6] Ausführliche Informationen zu dieser Thematik findet sich z. B. bei: Adamek, Karl: Singen als Lebenshilfe. Zu Empirie und Theorie von Alltagsbewältigung, Münster 1996, 4. Aufl. 2008; Blank, Thomas/Adamek, Karl: Singen in der Kindheit. Eine empirische Studie zur Gesundheit und Schulfähigkeit von Kindergartenkindern und das *Canto elementar*-Konzept zum Praxistransfer, Münster 2010 sowie bei Kaiser, Jochen: Singen in Gemeinschaft als ästhetische Kommunikation. Eine ethnographische Studie, Wiesbaden 2017.

Kirche hat Geschichte (Seite 34–57)

Einen Moment noch ...

Das Kapitel lädt ein zur inhaltlichen Auseinandersetzung mit dem Thema Kirche und deren historischer Entwicklung sowie der Rolle der Kirche für das heutige Christsein. Es geht zunächst um die Geschichtsbedeutsamkeit allgemein, d.h. um die Frage, warum es überhaupt wichtig ist, sich mit (Kirchen-)Geschichte zu beschäftigen. Dann stehen explizit die Themen Pfingstfest in der Apostelgeschichte, der Zusammenhang von Pfingsten und Schawuot, das Apostelkonzil, Paulus und dessen Leben und Reisen, Petrus aus Galiläa, der Zusammenhang von Kirche und Geld, die Bedeutung des Christentums für Juden und Nicht-Juden sowie die christlichen Märtyrer von Scili und die Bedeutung des römischen Kaisers Konstantin für das Christentum im Mittelpunkt. Damit folgt das Schulbuch-Kapitel auch einer der „fünf Dimensionen religionspädagogischer Dimensionen", d.h. hier insbesondere der historischen Dimension von Religionspädagogik (Bernd Schröder, Religionspädagogik, S.13). Denn für Lehrkräfte und SuS ist es wichtig, dass Kirche und gegenwärtige Religionspädagogik nicht losgelöst voneinander existieren oder dass das Christentum nur noch als „Fremdreligion" (Dressler) verstanden wird, sondern dass Kirche bzw. Christentum für den Religionsunterricht und das eigene Glaubensleben bewusst bleiben. Das Wissen um geschichtliche Zusammenhänge bewirkt dann, dass man „gegenwärtige religionspädagogische Konstellationen" nachvollziehen kann, „auch wenn Tradition [...] nicht mehr selbstverständlich Fortschreibung oder Geltung beanspruchen kann" (Schröder, ebd., S.17). Dementsprechend nehmen die SuS in diesem Kapitel die groben geschichtlichen Stationen von der Entstehung der Kirche an Pfingsten bis zu ihrer weitgehenden Legalisierung und Implementierung des Christentums wahr. Sie können erläutern, wie die zeitgenössischen Menschen auf die ersten Christen reagiert haben und gewinnen einen Überblick über die Urkirche anhand der Erlebnisse des Apostels Paulus.

Darüber hinaus wird die Wahrnehmungs- und Urteilskompetenz der SuS im Hinblick auf geschichtliche Kontextualisierungen in Bezug auf geschichtswissenschaftliche Fragen geschult, d.h. sie stellen sich die Frage, warum man sich überhaupt für Geschichte interessieren sollte, in welcher Beziehung Judentum und Christentum zueinander stehen und welche politischen Umstände die Entwicklung des Christentums gefördert haben und noch heute fördern können. Dadurch werden sie auch in der Gegenwart kirchenkritisch und sich ihres eigenen Christentums bewusst. Denn sie lernen wichtige Marker des Christentums – Gemeinschaft, Glauben an die Auferstehung Jesu Christi, Gnade Gottes, Gemeindeleben, Glaubensleben – verstehen und nachzuvollziehen und reflektieren, ob sie sich selber auch als Christen bezeichnen möchten. So können sie an den Konturen der eigenen Konfessionalität arbeiten und der Religionsunterricht kann die notwendige Innenperspektive des Christentums anhand von Tradition und Fallbeispielen lebendig werden lassen. Insgesamt ermöglicht dieses Kapitel – trotz seiner historischen Inhalte – schülerorientierte Zugänge, da die SuS hier die Kompetenz erwerben, historische Zusammenhänge zu verstehen, nachzuvollziehen und sie auf gegenwärtige Prozesse sowie das eigene Leben zu übertragen. Damit legt dieses Kapitel den Schwerpunkt auf die Bedeutungsebene der Kirche als Organisationsform bzw. Institution (weitere Bedeutungsebenen: Gebäude und Gottesdienst, vgl. Grethlein, Praktische Theologie, S.379).

Zunächst können die SuS mithilfe des Kapitels Stationen der Kirche kennenlernen oder vertieftes Wissen erwerben. Einen wichtigen Aspekt des Kapitels stellen die erzählten Ereignisse des Apostels Paulus dar: Saulus' Leben als Verfolger der Christen, dessen Bekehrung, die Offenbarung der Guten Nachricht des auferstandenen Jesus Christus an Paulus, die Rechtfertigungslehre, sein Engagement und die Gründung von zahlreichen Gemeinden, seine Reisen und Briefe an die Gemeinden und Paulus' Bezug auf die Kraft Christi trotz menschlicher Schwäche.

Die Frage „Was bedeutet der Glaube an Jesus Christus?" berührt die SuS elementar durch die Bibelstellen und die Aussagen der Personen Jesus, Paulus und Petrus und der Märtyrer und sie können sich hier reflektiert mit dieser Glaubensfrage auseinandersetzen und für sich Antworten finden. Die SuS setzen sich auch mit den Themen Kirche und Geld sowie Kirche im Kontext von Judentum und Christentum auseinander, sodass sie einen kontextualisierten und nicht unkritischen Blick auf das Christentum erhalten, wobei die Herausbildung einer Urteilskompetenz gefördert wird. Hier werden auch die Spannungen der frühchristlichen Kirche deutlich, denen sich Petrus und Paulus stellen mussten, sodass die SuS dies ebenfalls auf die Gegenwart übertragen können, indem sie sich fragen, welche inner- und außerkirchlichen Spannungen es gibt.

Fachdidaktisch erfolgt die Auseinandersetzung der SuS mit dem Thema „Kirche hat Geschichte" zum einen symbolisierungs- und zeichendidaktisch (nach Meyer-Blanck), da einige Bilder betrachtet werden können, die einerseits die christologische Dimension eröffnen und andererseits die SuS als Zeichennutzer verstärkt in den Blick nehmen. Darüber hinaus erfolgt durch die Aufgabenstellung eine jugendtheologische Auseinandersetzung mit den Inhalten, indem die SuS Texte wahrnehmen, darüber diskutieren, kritisch nachfragen, Rollenbiografien schreiben und sich mit eigenen

Glaubensfragen, z. B. „Was glaube ich eigentlich?", „Würde ich mich als Christ bezeichnen?", „Was macht die Menschen, die an Jesus Christus glauben, so stark?" auseinandersetzen. Auch die bibeltheologische Didaktik (nach Mirjam Schambeck) kommt in dem Kapitel zum Tragen, da es nicht nur um die historische und gegenwärtige „Auslegungsgemeinschaft" der Tradition bzw. der Kirche geht, sondern um die „Verstehergemeinschaft", d. h. die Deutungsgemeinschaften in einer Schulklasse.

Zum Weiterlesen

- *Grethlein, Christian:* Praktische Theologie, Berlin/Boston 2012, S. 378–414
- *Iggers, Georg G.:* Geschichtswissenschaft im 20. Jahrhundert. Ein kritischer Überblick im internationalen Zusammenhang, Göttingen 2007
- *Jung, Martin H.:* Kirchengeschichte, Göttingen 2017, 2. Auflage
- *Meyer-Blanck, Michael:* Vom Symbol zum Zeichen. Symboldidaktik und Semiotik, Rheinbach 2002, 2. Auflage
- *Pfister, Stefanie/Roser, Matthias:* Symbolisierungs- und zeichendidaktische Perspektive, in: Dies., Fachdidaktisches Orientierungswissen für den Religionsunterricht. Kompetenzen, Grenzen, Konkretionen, Göttingen 2015, S. 34–43
- *Pfister, Stefanie/Roser, Matthias:* Jugendtheologische Perspektive, in: Dies., ebd., 2015, S. 73–83
- *Pfister, Stefanie/Roser, Matthias:* Bibeltheologische Perspektive in: Dies., ebd., 2015, S. 84–93
- *Schambeck, Mirjam:* Bibeltheologische Didaktik, Göttingen 2009
- *Schröder, Bernd:* Religionspädagogik, Tübingen 2012

Didaktischer Kommentar

Kirche hat Geschichte – zu Doppelseite 34/35

Die Auftaktdoppelseite beginnt mit drei verschiedenen Abbildungen von Petrus, Paulus sowie einer Büste Konstantins und einer Münze mit einer Abbildung von Kaiser Konstantin. Das Bildmaterial der linken Einstiegsseite kann insofern Vorwissen und Bezüge zum geschichtlichen Hintergrundwissen wachrufen. Auf der rechten Seite wird das Kapitel inhaltlich (Pfingsten, Schawuot, Apostel Petrus und Paulus, Beziehung zum römischen Kaiser, Märtyrertum, Kaiser Konstantin und die Manifestierung des Christentums) vorgestellt und bereits bestehendes Vorwissen (Jesus und seine Jünger im Rahmen des damaligen Judentums, Aufbau des Kirchenjahres) in Erinnerung gerufen.

Die Methoden dieses Kapitels werden zur Transparenz ebenfalls kurz vorgestellt: ein Portfolio anlegen sowie eine Karikatur interpretieren.

Wie wichtig ist Geschichte? – zu Doppelseite 36/37

Der Einstieg in die Doppelseite geschieht mithilfe einer Anforderungssituation, in der sich die Religionslehrerin einer 7. Klasse Gedanken zur Geschichte des Christentums machen möchte, weil das Haus der Geschichte in Augsburg kein entsprechendes Poster für Schulen gestaltet hat. Das SuS-L-Gespräch über die Bedeutsamkeit von Geschichte lädt zur Auseinandersetzung ein, weil sich die SuS entweder mit der Religionslehrerin, dem Schüler Konstantin, der die Pragmatik des Themas benennt, der Schülerin Marie, die sich für die christlichen Traditionen interessiert oder mit Luise identifizieren können, wobei Luise Geschichte verstehen möchte, um die Gegenwart und Zukunft bewusster gestalten zu können.

Dementsprechend beschäftigt sich die Lernaufgabe für das gesamte Kapitel damit, dass die SuS ein Portfolio zum Thema „Wozu brauchen wir Kirchengeschichte?" anlegen, in welchem sie die Ergebnisse der speziell markierten Aufgaben des Kapitels sammeln. Die Methoden-Karte beschreibt dabei den Aufbau eines Portfolios und unterhalb der Aufgabe stehen die wichtigsten Stationen für das Portfolio: Pfingsten, Paulus und seine Mission, alle wichtigen Etappen von der Urgemeinde in Jerusalem bis zum römischen Kaiser Konstantin dem Großen. Zur Unterstützung der wichtigen Frage nach der Bedeutung von Geschichte kann das ZM 1 „Wozu Geschichte?" eingesetzt werden.

Die rechte Seite enthält das Gedicht „Fragen eines lesenden Arbeiters" von Bertold Brecht, welches die SuS zunächst mehrfach lesen können. Die erste Aufgabe auf der rechten Seite beschäftigt sich mit den dreizehn Fragen des Gedichts, von denen die SuS versuchen sollen, mindestens drei zu beantworten. Hier kann das ZM 2 „Fragen eines lesenden Arbeiters" eingesetzt werden.

Die zweite Aufgabe lädt zur rezeptionsästhetischen Auseindersetzung der Leser*innen mit dem Gedicht ein, wobei die Sätze, die über Zeilen hinweggehen (sogenannte „Enjambements") einen auffordernden Charaker haben, weil sie in der nächsten Zeile mit einem Großbuchstaben beginnen, sodass die Bedeutung der Fragen nach weiteren Verantwortlichen in der Geschichte unterstrichen wird. Hier können die SuS z. B. antworten, dass man lernen soll, dass in der Geschichte oft ein Mann für ein Ereignis, ein Volk oder ein Geschehen steht (pars pro toto = ein Teil steht für das Ganze), wobei die anderen Menschen mitgemeint sind. Dennoch ist es wichtig, dass die anderen Menschen nicht nivelliert werden, sondern dass ihnen auch gebührender Respekt entgegengebracht wird. Respekt und Wertschätzung in der Geschichtsschreibung kann auch bedeuten, dass die Subjektivität oder Einseitigkeit von Geschichtsschreibung hinterfragt wird, wenn z. B. nur von Männern statt von berühmten Frauen berichtet wird, wozu auch das Moment mal! einlädt. Das heißt, hier ist auch immer die Frage nach der Perspektive des Berichterstatters implizit und dies kann in der Religionsgruppe entsprechend diskutiert werden.

Die dritte Aufgabe (zugleich Portfolioaufgabe) evoziert das Vorwissen der SuS zu eher unbekannten, aber nicht weniger bedeutenden Personen in der Geschichte der Kirche. Hier können die SuS z. B. auf die Frauen berühmter Personen verweisen.

Wie fing alles an? – zu Doppelseite 38/39

Der Einstieg in die Doppelseite geschieht mit den Pfingstereignissen, die in der Apostelgeschichte (Apg. 2,4–8.12–24.36–38.41) beschrieben werden. Im ersten Abschnitt (4–8.12) wird deutlich, dass der zentrale Begriff der Heilige Geist ist. Hier ist zu beachten, dass die SuS dies nicht als unverständliches Mysterium oder als Belustigung betrachten, sondern als etwas rational Unverfügbares – nach Luther etwas Unverfügbares zwischen Promissio und fides – erkennen, welches sich dann ereignen kann, wenn Menschen an Jesus Christus glauben, wobei es keinerlei rationale Erklärungen mehr geben kann und auch nicht mehr vonnöten sind, da dies im Rahmen des Glaubens geschieht und sich daher allen Außenstehenden entzieht. Ein wenig deutlicher, jedoch nicht unbedingt rationaler geht es im zweiten Abschnitt (14–24.36) der Pfingstpredigt des Apostels Petrus zu, weil er hier konkret von dem Geist Gottes berichtet, welcher die Glaubenden erreichen wird, wenn sie Jesus als den Auferstandenen, als den Christus anerkennen. Dabei wird deutlich, dass Jesu Gefangennahme und gewaltsamer Tod durch Kreuzigung und Auferstehung Teil des großen Heilsplans Gottes sind, welchen Paulus beschreibt. Im dritten Abschnitt (37–41) ruft Petrus deutlich dazu auf, dass die Menschen ihr Leben verändern und sich auf den Namen Jesu Christi taufen lassen sollen. Laut dem letzten Vers haben ca. 3000 Menschen an diesem Tag dieses Angebot angenommen und sind Mitglied der Gemeinde geworden.

In der ersten Aufgabe erarbeiten die SuS die Erklärungsversuche des Redens in fremden Sprachen durch die Juden, z. B. betrunken oder verrückt sein.

In der zweiten Aufgabe sollen die SuS erarbeiten, wie Petrus die Gabe des Heiligen Geistes deutet:
- Erfüllung der Prophezeiung des Propheten Joels (V. 17),
- jüngere Männer schauen Visionen (V. 17),
- ältere Menschen erhalten Träume von Gott (V. 17),
- der Heilige Geist Gottes wird über die Menschen ausgegossen, die Gott dienen (V. 18),
- Wunder geschehen im Himmel, Zeichen werden auf der Welt erscheinen (V. 19–20),
- Gottes Plan ist an Jesus, dem Nazarener erfüllt worden (V. 23–24),
- alle sollen erkennen, dass Jesus zum Christus wurde (V. 36).

Anschließend erarbeiten die SuS in der dritten Aufgabe (zugleich Portfolioaufgabe) inhaltlich, warum Pfingsten als die Geburtsstunde der Kirche angesehen werden kann: Viele unterschiedliche Menschen, die eine Gemeinschaft bilden, sind auf einmal im Glauben an Jesus, den Auferstanden, vereint und sprechen die gemeinsame Sprache dieses Glaubens.

In der vierten Aufgabe (ebenfalls zugleich Portfolioaufgabe) beschreiben die SuS, dass die ersten Christen wie Jesus Juden waren, die sich nun taufen ließen und damit den Grundstein für einen Beginn des Christseins legten, da man dadurch zur neuen Gemeinschaft der an Jesus Christus Glaubenden gehörte. Denn die Taufe signalisierte die Zugehörigkeit zur christlichen Gemeinde. Für Juden bedeutet dies auch, dass ein getaufter Jude nicht weiter ein Jude sein kann. Für das Verhältnis zwischen Juden und Christen zeichnen sich hier die Spannungen der Urgemeinde ab, da sich ja die Fragen danach stellen, inwieweit man als Christ weiter im jüdischen Kontext leben und welche jüdischen Lebensregeln man einhalten kann oder muss. Zum Nachdenken anregen kann hier das ZM 3 „Messianische Juden", da bis heute die Messianischen Juden ein Politikum darstellen, weil sie von der jüdischen Gemeinschaft nicht als Juden anerkannt werden. Insgesamt kann die Lehrkraft abschließend die Frage stellen, die schon durch das Zusatzmaterial aufgeworfen wurde, ob Juden, die an Jesus Christus glauben, sich weiterhin als Juden bezeichnen können oder nicht.

Die fünfte Aufgabe (zugleich Portfolioaufgabe) lädt dazu ein, dass sich die SuS mit dem jüdischen Kontext des ersten Pfingstfestes auseinandersetzen, dem Schawuotfest. Hier ist es jedoch wichtig, dass die Lehrkraft darauf achtet, dass das jüdische Schawuotfest mit dem Erinnern an die Zehn Gebote nicht als obsolete Folie für das Christentum dient, welches dort seine Geburtsstunde verzeichnet. Sondern beide Religionen sind gleichermaßen als nebeneinanderstehende Religionen zu respektieren.

Wer war Paulus? – zu Doppelseite 40/41

Diese Doppelseite lädt zunächst zum Betrachten des Bildes von Carvaggio, „Die Bekehrung des Paulus" (1601), ein. Hier können die Sus erarbeiten, dass ein Mann völlig niedergeschmettert am Boden liegt und dies dann in Zusammenhang mit dem Bekehrungserlebnis des Paulus bringen. Für die Aufgabe 1, die Bildbetrachtung, kann hilfreich das ZM 4 zu „Die Bekehrung des Paulus" eingesetzt werden.

Im anschließenden Vergleich (zweite Aufgabe) von Bild und Text (Apg 9,1–8) können die SuS erarbeiten, dass im Bild sehr wenig Licht zu Saulus druchdringt, welches wohl symboldidaktisch für die absolute Dunkelheit des Herzens von Saulus und für dessen Blindheit für den Glauben an Jesus Christus stehen kann. Das Unverständnis der begleitenden Männer wird sowohl im Text als auch im Bild deutlich, da der Mann eher hilflos das Pferd festhält, sich aber dem auf dem Boden liegenden Saulus nicht zuwendet.

In der dritten Aufgabe, die zugleich Portfolioaufgabe ist, erarbeiten die SuS einen Dialog zwischen zwei jüdischen Bürgern von Damaskus, die Paulus aus seiner Zeit als den Christenverfolger Saulus kannten. Hier kann ZM 5 „Wer ist Paulus? Ich kenne nur Saulus" eingesetzt werden.

Die vierte Aufgabe fordert die SuS dazu auf, den Ausschnitt aus dem Brief des Paulus (Galater 1,11–16) mit der Apostelgeschichte zu vergleichen. Hier können die SuS erarbeiten, dass Paulus in seinem Brief sehr sicher und souverän aufgrund seiner Aufgabe (Offenbarung von Jesus Christus, er sei von Gott im Mutterleibe auserwählt worden, er solle Jesus Christus in allen Völkern bekannt machen) wirkt, wohingegen in der Apostelgeschichte ein gebrochener Mann beschrieben wird, welcher hilflos am Boden liegt und von seinen Männern nach Damaskus geführt werden muss.

Der Info-Text kann für alle Aufgaben gewinnbringend eingesetzt werden, inbesondere die theologisch wichtige „Rechtfertigungslehre" wird hier erwähnt. Hier gilt mit den SuS zu erarbeiten, dass der Sünder Saulus, der Christen verfolgt hat, allein durch die Gnade Gottes und weil er seine Sünden bereut hat, zum Apostel und Verkünder Jesu Christi werden kann. Die SuS können anhand der Lebensgeschichte Paulus' erkennen, dass Gott keine starken Helden braucht, sondern dass im christlichen Glauben alleine zählt, ob man Gott vertraut und ihm glaubt. Dann kann man Kraft gewinnen, um das Leben zu bewältigen.

Abschließend kann das ZM 6 „Theaterszene" eingesetzt werden, in welchem die SuS handlungsorientiert das Rollenspiel um Lydia und Paulus nachspielen und dadurch nachvollziehen können, warum der christliche Glaube zunächst gewöhnungsbedürftig war.

War Paulus ein starker Mann? – zu Doppelseite 42/43

Die Doppelseite beginnt mit den Ausschnitten aus den Briefen des Paulus, die an verschiedene Gemeinden gerichtet sind. Die Lehrkraft kann die Briefausschnitte auch motivationsfördernd in verschiedene Umschläge stecken. Bei der ersten Aufgabe sollen die SuS den vier Briefen auf der Abbildung die vier Adressaten der Paulus-Briefe (von Seite 42) zuordnen:
- Brief an die Philipper: 1. Briefausschnitt (ca. 55 n.Chr. verfasst, Paulus hatte diese Gemeinde um ca. 50 n.Chr. bei seiner zweiten Missionsreise gegründet, er wurde von ihr – auch finanzell – unterstützt);
- Brief an die Galater: 2. Briefausschnitt (ca. 55 n.Chr. verfasst; Paulus wendet sich hier an mehrere Gemeinden im „galatischen Land", deren Mitglieder Heidenchristen waren);
- 1. Brief an die Korinther: 3. Briefausschnitt (ca. 54/55 n.Chr. verfasst; Paulus hatte diese Gemeinde selbst gegründet);
- 2. Brief an die Korinther: 4., 5. und 6. Briefausschnitt (ca. 55 in Makedonien verfasst; aufgrund eines verschlechterten Verhältnisses zur Gemeinde in Korinth, sodass Paulus noch einmal deutliche Worte zum Verhalten aufgeschrieben hat).

In der zweiten Aufgabe können die SuS gemeinsam erarbeiten, dass Paulus sich als sehr streng glaubenden Juden betrachtet hat, der konsequent alle jüdischen Gesetze hielt. Aufgrund seines Offenbarungserlebnisses ist er nun zum Gegenteil, einem leidenschaftlichen Christen, geworden, der sich aber als „unwürdig" betrachtet, da er zuvor die Gemeinde Gottes verfolgt habe. Allein durch Gottes Gnade sei er befähigt, ein Apostel zu sein, nicht jedoch aufgrund seiner menschlichen Fähigkeit. So leidenschaftlich, wie er zuvor die Christen verfolgt und das jüdische Gesetz eingehalten hat, so leidenschaftlich kämpft er nun für die christlichen Gemeinden und ermutigt sie, auch wenn er nicht so gut im Reden ist. Er möchte aber mit seiner Schwachheit angeben, damit die Kraft Christi umso stärker in ihm leuchten kann. Abschließend können die SuS mithilfe des ZM 7 „Brief an Paulus zurück" erarbeiten, wie die Gemeinden wohl auf Paulus Briefe reagiert haben könnten.

Die dritte Aufgabe fordert zu kreativen Körperhaltungen und einem jeweils passenden Gesichtsausdruck auf und kann zu Standbildern erweitert werden. Hier können die SuS z.B. folgende Sätze sagen: „Wenn ich schwach bin, bin ich wirklich stark!" oder „Ich bin unwürdig!" oder „Früher war ich energisch und ich kämpfte gegen alle Christen!" oder „Ich bin stolz darauf, dass ich ein Jude bin!".

In der vierten Aufgabe werden diese Körperhaltungen präsentiert und miteinander verglichen. Die SuS können erarbeiten, dass Paulus in folgenden Aspekten gleich geblieben ist: Er ist energisch, denkt viel nach, reflektiert sein Verhalten, ist konsequent in seinem Handeln, er lebt und kämpft für seine Überzeugungen, er ist stolz darauf, ein Jude zu sein etc.

In folgenden Aspekten hat er sich verändert: Er verfolgt nun nicht mehr die Christen, sondern betrachtet sich selber als Christ, seine Kraft kommt nicht mehr von ihm allein, sondern aus seinem neuen Glauben, er fühlt sich nun menschlich schwach und nur mit Gott stark etc.

Bei der fünften Aufgabe kann die Lehrkraft zunächst die Aussage „Wenn ich schwach bin, bin ich wirklich stark" an die Tafel schreiben und die SuS dann in Kleingruppen zum Gespräch dazu auffordern, sich mit den Leerstellen in der biblischen Erzählung auseinanderzusetzen, indem sie darüber nachdenken, wie man z.B. durch den Glauben stark werden kann.

Wer ist der Gründer des Christentums? – zu Doppelseite 44/45

Zu Beginn der Doppelseite können die SuS die Textabschnitte zur Frage „Wer ist der Gründer des Christentums?" lesen und anschließend Stellung beziehen. Dabei können sie sich auch jeweils einer zuvor beschrifteten Klassenraumecke (Jesus, Petrus, Paulus, jemand anders/weiß ich nicht) zuordnen und dann in einem Einstiegsgespräch ihre Auswahl mündlich begründen, abwägen oder ggf. die Klassenraumecke ändern, wenn andere Argumente plausibler erscheinen. Dabei können die SuS schon Argumente dafür nennen, ob es möglich ist, dass jemand das Christentum gegründet habe (erste Aufgabe, zugleich Portfolioaufgabe).

Anschließend arbeiten die SuS in der zweiten Aufgabe (zugleich Portfolioaufgabe) aus den Textabschnitten der linken Seite heraus, worin sich Paulus und Petrus einig waren bzw. was sie einander ähnlich machte:
- Bekenntnis zu Jesus Christus,
- Leiter von der Urgemeinde/christlichen Gemeinden,
- missionarisch unterwegs, um Menschen (Juden, insbesondere Petrus und Nichtjuden, inbesondere Paulus) zum christlichen Glauben zu führen.

Das Doppelporträt auf Seite 34 (Einstiegsseite des Kapitels) kann dahingehend gedeutet werden, dass beide Personen wichtig waren, um das Christentum voranzutreiben und Gemeinden zu gründen und dass sie sich trotz vieler Unterschiede darin einig waren, dass der Glaube an Jesus Christus, den Auferstandenen, der einzig wahre Glauben ist. Petrus kannte dabei Jesus noch persönlich, doch durch die gemeinsame Glaubensgrundlage kann sich auch Paulus rühmen, an Jesus Christus zu glauben.

Die dritte Aufgabe bezieht sich auf fünf abgebildete Paulus-Zitate, wobei hier die SuS nun Fragen stellen können, welche zu den Antwort-Zitaten passen könnten.

In der vierten Aufgabe setzen sich die SuS damit auseinander, dass die gute Nachricht des Christentums sowohl für Juden als auch für Nichtjuden gilt und dass Paulus dafür maßgeblich steht, da er immer wieder betont hat, dass alle Nationen und Religionen und Geschlechter durch den Glauben an Jesus Christus vereint und damit gleich sind und dass das jüdische Volk weiter als das erwählte Volk Gottes gilt.

Das Moment mal! regt zum Nachdenken darüber an, ob man als Christ nicht mehr von Paulus als von Jesus beeinflusst wurde. Doch dem kann man entgegnen, dass sich ja Paulus auf das Prinzip der Nächstenliebe von Jesus beruft.

Hört Solidarität unter Christen beim Geld auf? – zu Doppelseite 46/47

Um den zeitlichen Sprung von der Zeit des Paulus zu der Frage nach der Relevanz, Funktion und Sinnhaftigkeit von Kirchensteuer zu überbrücken, kann zunächst ZM 8 „Wofür gebe ich mein Geld aus?" eingesetzt werden. Anschließend können die SuS sich dem Kirchensteuersystem zuwenden, indem sie den Brief des Landesbischofs Heinrich Bedford-Strohm und den Ausschnitt aus der Broschüre „Evangelisch – eben" lesen und die erste Aufgabe bearbeiten, bei der sie stichwortartig die Position zusammenfassen müssen:
- finanzielle Staffelung der Kirchensteuer nach Einkommen ist gerecht,
- durch Kirchensteuer können zuverlässig langfristige Projekte geplant werden,
- vielseitige Projekte sind möglich,
- Mitarbeiter*innen der Kirche können bezahlt werden,
- dadurch ist gleichbleibende Qualität der Arbeit gewährleistet,
- Unterschiede zwischen ärmeren und reicheren Kirchengemeinden werden ausgeglichen,
- breit gefächerte kirchliche Angebote sind somit für jede*n möglich.

Bei der zweiten Aufgabe beschreiben die SuS mithilfe des Info-Textes auf der rechten Seite, dass es bis heute relevant ist, dass schon Paulus in seinem Aufruf die Menschen bedachte, die weniger Geld haben und denen es daher schlechter geht. Wenn man im Glauben an den Auferstandenen einig ist, sollte keine Diskussion darüber herrschen, wer wem Geld gibt, sondern das Geben sollte von Herzen und als selbstverständliche Gabe kommen.

In der dritten Aufgabe (zugleich Portfolioaufgabe) erarbeiten die SuS eine Textnachricht, einen Brief oder eine E-Mail, in welcher sie individuell dem Schreiber Jan antworten, warum es sich auch lohnen könnte, Kirchenmitglied zu sein.

Mithilfe der vierten Aufgabe können die SuS erarbeiten, dass die Einsicht wichtig ist, dass es keine ärmeren oder reicheren Christengemeinden geben sollte. Die Kirchen können sich auf das christliche Prinzip der Nächstenliebe berufen, auf Paulus, der diesen Finanzausgleich immer wieder als Argument einbrachte und auf das Miteinander in einer christlichen Gemeinde/Kirche, wobei es doch wichtig ist, dass es allen gleich gut geht, wenn man zusammenkommt, um Gott zu danken und gemeinsam an seinen auferstandenen Sohn glaubt.

Wie wurde das Christentum attraktiv für Juden? – zu Doppelseite 48/49

Diese Doppelseite regt dazu an, darüber nachzudenken, wie das Christentum überhaupt attraktiv für Juden werden konnte, da es doch zunächst als kleine Gruppe aus dem Judentum entsprang und dann zunehmend eine Spaltung zwischen Juden und Christen bewirkte.

In der ersten Aufgabe können die SuS in Form einer Rollenbiografie von Paulus und Petrus erarbeiten, welche Konflikte die beiden bewegten (zugleich Portfolioaufgabe). So kann deutlich werden, dass Paulus sich den sogenannten „Heiden" zuwandte, denen ebenso das Recht zustand, Christ zu werden wie den Judenchristen in der Jerusalemer Urgemeinde, die von Petrus geprägt waren. Schwierigkeiten zeigten sich zwischen den Juden- und den Heidenchristen darin, dass sie unterschiedliche Auffassungen zu dem Einhalten des jüdischen Gesetzes hatten. Auf dem Apostelkonzil war es notwendig geworden, dass als Kompromiss drei Gesetze auch von den Heidenchristen eingehalten werden sollten.

Für die zweite Aufgabe kann das ZM 9 „Vor dem Apostelkonzil" eingesetzt werden.

In der dritten Aufgabe erarbeiten die SuS Möglichkeiten, wie man auch heute noch Menschen überzeugen kann, Christ zu werden. Hier können Möglichkeiten wie Kirchentage, gemeinsame Freizeiten, Freundschaften, Familienereignisse wie Hochzeiten, Taufen etc. genannt werden. Zugleich sollte die Lehrkraft aber auch davor warnen, dass zu Missionsversuchen, z. B. von evangelikalen SuS, aufgerufen wird.

In der vierten Aufgabe vergleichen die SuS die abgebildete Karte mit einem Erdkundeatlas oder mithilfe von digitalen Landkarten und benennen die markierten Städte, um so einen geografischen Überblick zu bekommen.

Durch die fünfte Aufgabe, bei der die SuS auch mit der abgebildeten Karte arbeiten, wird den SuS bewusst, dass sich im 1. und 2. Jahrhundert christliche Gemeinden in vielen nicht jüdischen Ländern ausgebreitet haben.

Wie wurde das Christentum attraktiv für Nicht-Juden? – zu Doppelseite 50/51

Diese Doppelseite beschäftigt sich damit, wie das Christentum sich überhaupt unter nicht jüdischen Menschen ausbreiten konnte und wie das Gemeindeleben aussah. Der

Einstieg geschieht mit der Interpretation einer der ersten Karikaturen über den Gekreuzigten, welcher mit einem Eselskopf dargestellt wurde. In der ersten Aufgabe sollen die SuS mithilfe der Erläuterungen und des Zitats von Tertullian von Karthago das Spott-Kruzifix interpretieren (zugleich Portfolioaufgabe). Hier können die SuS z. B. angeben, dass dadurch der Auferstandene Jesus Christus nicht mehr wert als ein Esel sein soll, dass der Glaube damit nichtig und wertlos ist und dass ihm nur Spott gebührt. Die Methoden-Karte zum Interpretieren von Karikaturen wird dafür eingesetzt.

In der zweiten Aufgabe können die SuS mithilfe des Textes über das Gemeindeleben beschreiben, dass Tertullian seine nicht christliche Umwelt als einander hassend, schmarotzend, geizig und wenig dem andern wohlgesonnen einschätzt. Er bezeichnet sie als Heuchler, die zu keiner wahren Liebe fähig sind, als schlechte und nicht rechtschaffene Menschen.

In der dritten Aufgabe leiten die SuS folgende Grundsätze ab:
- Vorsitz hat ein Älterer der Gemeinde.
- Jeder steuert einen Geldbeitrag für die Gemeinde bei.
- Das Geld wird nur für nötige Zwecke gespendet: Unterhalt, Begräbnis Armer, für die Versorgung von Waisen oder alten Menschen etc.
- Füreinander da sein,
- füreinander sterben,
- die Bezeichnung Brüder.

Mithilfe des ZM 10 „Paulus, Tertullian und heutige Christen" kann die dritte Aufgabe vertieft bearbeitet werden.

Bei der vierten Aufgabe (zugleich Portfolioaufgabe) erstellen die SuS eine Vorteil-Nachteil-Liste für diejenigen Menschen, die aus Jerusalem, Athen oder Rom kamen und sich haben taufen lassen. Hier können die SuS erarbeiten, dass die Jerusalemer, die streng jüdisch gelebt haben, Anstoß an der Taufe gehabt haben könnten. Und dass die Menschen in Rom oder Athen kein Verständnis für einen Glauben an einen Menschen hatten, der aus einem jüdischen Kontext kommt und selber Jude ist. Zudem müssen ihnen die jüdischen Gesetze, die Reinheits- und Speisevorschriften sehr streng und ungewohnt vorgekommen sein.

Die fünfte Aufgabe fordert dazu auf, dass die SuS über die ersten Gemeinden nachdenken und erläutern, was an ihnen vorbildlich war: z. B. Nächstenliebe, Zusammenhalt, keine Unterschiede zwischen Geschlechtern und Rassen etc.

Was ist besonders an christlichen Märtyrern? – zu Doppelseite 52/53

Diese Doppelseite bezieht sich auf das Thema „christliche Märtyrer", wobei die SuS zunächst das Verhörprotokoll mit verteilten Rollen lesen (Aufgabe 1) und dann in der zweiten Aufgabe herausarbeiten, warum der römische Staat Christen mit dem Tod bestrafte:

- Die Christen beten nicht den göttlichen Schutzgeist des Kaisers an.
- Sie bringen dem Schutzgeist keine Opfer mehr dar.
- Sie erkennen den Kaiser nicht als Herrscher der ganzen Welt an.
- Sie dienen allein Gott, den keiner je gesehen hat.
- Sie fürchten nur Gott allein als Gottheit.
- Sie bezeichnen sich als Christen.
- Sie weigern sich, zur römischen Religion zurückzukehren.

In der dritten Aufgabe (zugleich Portfolioaufgabe) erkären die SuS, was Nartzalus unter einem „Märtyrer" versteht: Als Märtyrer bezeichnet man jemanden, der aus der Überzeugung für den eigenen Glauben bereit ist, für diesen Glauben zu sterben.

Die vierte Aufgabe beschäftigt sich mit dem Thema der Christenverfolgung, wobei die SuS erläutern können, dass aufgrund der Standhaftigkeit vieler Christen das Christentum noch mehr an Bedeutung gewann, da sich viele Menschen gefragt haben mussten, ob nicht doch etwas Besonderes daran sein kann, wenn so viele Menschen an Jesus Christus glauben. Hier kann das ZM 11 „Juden- und Christenverfolgungen" erarbeitet werden.

Mit Christus in die Schlacht? – zu Doppelseite 54/55

In der ersten Aufgabe erarbeiten die SuS aus dem Text zum Leben Konstantins eine zeitgeschichtliche Tabelle. Hier kann das ZM 12 „Konstantin" eingesetzt werden.

In der zweiten Aufgabe erarbeiten die SuS, welche Gründe Eusebius für die Glaubwürdigkeit seines Berichts anführt:
- Dem Kaiser erschien ein Zeichen von Gott.
- Konstantin habe sich ihm, Eusebius, persönlich mitgeteilt und dies mit einem Eid bekräftigt.
- Zusätzlich zu dem Siegeszeichen sei dem Kaiser auch Jesus Christus erschienen.

Die Urteilskompetenz der SuS ist in der dritten Aufgabe (zugleich Portfolioaufgabe) gefragt, da sie selber beurteilen sollen, ob Konstantin als erster christlicher Kaiser bezeichnet werden kann. Dafür spricht, dass er das Christentum legalisiert, praktiziert und ausgebreitet hat. Dagegen spricht, dass er das Christentum instrumentalisiert hat für Krieg und Sieg, was dem Grundgedanken des Christentums zuwidergeht.

Die Konstantinische Wende wird von den SuS in der vierten Aufgabe als die Wende erarbeitet, nach der das Christentum nicht länger eine Religion der Verfolgten und der Minderheit war, sondern wodurch sich dessen Ansehen und Ausbreitungsgegenden grundlegend geändert haben.

Das Moment mal! lädt dazu ein, dass man das Christentum nicht nur als friedliche Religion, sondern dieses zugleich in seinem Kontext betrachtet und dass das Militärische zum

Christentum leider auch dazugehört, wie ja auch die vielen Schlachten im Namen des Kreuzes beweisen.

Kirche hat Geschichte – zu Doppelseite 56/57

Die linke Seite lädt mit den Aussagen von SuS des Jakob-Fugger-Gymnasiums in Augburg zum Rückblick und zur Auseinandersetzung mit den Inhalten des Kapitels ein. Hier können die Sus zunächst die Aussagen lesen, sich dann ein Statement aussuchen und dieses anhand eines Kommentars zu dem Kapitel näher erläutern.

Die rechte Seite gibt auf einen Blick die erarbeiteten Inhalte und Kompetenzbereiche des Kapitels wieder, sodass die SuS prüfen können, ob sie in den vier Kompetenzbereichen diese Kompetenzen tatsächlich erworben haben. Sie können sich in PA darüber austauschen und zu jedem Kompetenzbereich Beispiele und Antworten finden. Wichtig ist auch, dass die Lehrkraft offenen Fragen Rechnung trägt und diesen Raum gibt.

2 Übersicht: Zusatzmaterial

Übersicht: Zusatzmaterial

ZM 1	Wozu Geschichte?
ZM 2	Fragen eines lesenden Arbeiters
ZM 3	Messianische Juden
ZM 4	Bildbetrachtung: Caravaggio, „Die Bekehrung des Paulus" (1601)
ZM 5	Wer ist Paulus? Ich kenne nur Saulus …
ZM 6	Theaterszene „Lydia und Paulus"
ZM 7	Brief an Paulus zurück
ZM 8	Wofür gebe ich mein Geld aus?
ZM 9	Vor dem Apostelkonzil
ZM 10	Paulus, Tertullian und heutige Christen und ihre Grundsätze für das Gemeindeleben
ZM 11	Juden- und Christenverfolgungen
ZM 12	Konstantin

Wozu Geschichte?

„Geschichte ist die Biografie der Menschheit."

Ludwig Börne, deutscher Journalist und Theaterkritiker, 1786–1837

„Es ist ganz wahr, was die Philosophie sagt,
dass das Leben rückwärts verstanden werden muss.
Aber darüber vergisst man den andern Satz,
dass vorwärts gelebt werden muss."

Sören Kierkegaard, dänischer Philosoph und Theologe, 1813–1855

„Wer sich nicht seiner Vergangenheit erinnert,
ist dazu verdammt,
sie noch einmal zu wiederholen."

George Santanyana, spanischer Philosoph und Schriftsteller, 1883–1952

„In letzter Instanz habe nur der Text Bestand,
mit dem der Historiker arbeitet,
aber nicht eine Wirklichkeit, die über den Text hinausgeht."

Georg Iggers, deutsch-amerikanischer Historiker, 1926–2017

Aufgaben
1. Lies dir die oben stehenden Aussagen zur Bedeutsamkeit von Geschichte durch.
2. Suche dir ein Zitat aus und erläutere dieses in eigenen Worten. Begründe deine Auswahl.
3. Finde dazu praktische Beispiele aus der Geschichte oder auch aus deinem Leben.
4. Schreibe ein eigenes Zitat, in dem deutlich wird, wie wichtig dir Geschichte sein kann.

Name: Klasse: Datum: ZM 2

Fragen eines lesenden Arbeiters

Fragen des Gedichts	geschichtliches Ereignis	Zeitkontext	tatsächliche Bedeutung der Frage
Wer baute das siebenthorige Theben? Haben die Könige die Felsbrocken herbeigeschleppt?	Böotien/Griechenland (unbekannte Bauherren)	ca. 1385 v. Chr.	unbekannte Bauherren Mit dieser Frage wird darauf hingewiesen, dass viele Handwerker, Maurer und viele Arbeiter Theben gebaut haben, von denen jedoch kein einziger Name geschichtlich übermittelt wurde.
Wer baute das mehrmals zerstörte Babylon wieder auf?	eine Stadt am Fluss Euphrat, im heutigen Irak, die mehrfach zerstört wurde (z. B. die Eroberung durch die Hethither, durch die Assyrer …)	ca. 1595 v. Chr. 1225 v. Chr.	Mit dieser Frage wird deutlich, wie sehr die Arbeiter darunter gelitten haben müssen, dass sie immer wieder die Stadt aufbauen mussten.
In welchen Häusern des goldstrahlenden Lima wohnten die Bauleute?			
Wohin gingen die Maurer der chinesischen Mauer an dem Abend, als die Mauer fertig war?			
Über wen triumphierten die Cäsaren?			

Autorin: Stefanie Pfister

Fragen des Gedichts	geschichtliches Ereignis	Zeitkontext	tatsächliche Bedeutung der Frage
Hat Byzanz nur Paläste für seine Bewohner?			
Wer eroberte außer Alexander Indien? Hatte Alexander nicht einen Koch bei sich?			
Weinte sonst keiner, als die Flotte des Philipp von Spanien unterging?			
Wer war an der Seite von Friedrich dem Zweiten, als er im Siebenjährigen Krieg gewann?			
Wer kochte den Siegesschmaus?			
Wer bezahlte die Spesen?			

Aufgaben
1. Lies dir das Gedicht durch, vervollständige die Fragen, die Geschehnisse, den Zeitkontext sowie die Bedeutung dieser Frage mithilfe der Tabelle.
2. Schreibe einen Brief/eine E-Mail an den Arbeiter, der die geschichtlichen Ereignisse gelesen und sich diese Fragen gestellt hat.

Messianische Juden

„Messianische Juden sind Juden, die an Jesus Christus als ihren Messias glauben."

1. Wir glauben, dass die Bibel von Gott inspiriert ist. Sie ist sein einzigartiges, unbestreitbares, unteilbares und wahres Wort an alle Menschen. Die Bibel ist eine Sammlung von jüdischen heiligen Schriften, die als Altes und Neues Testament eine untrennbare Einheit bilden.
2. Wir glauben, dass Gott Einer ist und sich den Menschen als Vater, Sohn (Messias Jeschua) und Heiliger Geist offenbart.
3. Wir glauben, das Jeschua der verheißene Messias Israels ist, und dass er, von einer Jungfrau geboren, wahrer Gott ist. […]
4. Wir glauben, dass jeder Mensch aufgrund seiner Sünde dem Gericht Gottes verfallen ist. Rettung aus dem Gericht geschieht in der völligen Wiedergeburt durch den heiligen Geist. Die Wiedergeburt zeigt sich im Glauben an den Messias Jeschua und in der Buße.
5. Wir glauben, dass der Heilige Geist auch heute wirkt. […]
6. Wir glauben an die Auferstehung der durch Glauben Gerechtfertigten, an die ewige und selige Gemeinschaft mit Gott und Jeschua und dass alle anderen in ewiger Verurteilung und Qual bleiben.
7. Wir glauben, dass alle an den Messias Jeschua Gläubigen geistlich in der Familie der Kinder Gottes verbunden sind, unabhängig von Nationalität oder Wohnort.
8. Wir glauben, dass der Glaube eines Menschen seine Nationalität nicht ändert, und dass Juden, die an Jesus glauben, weiterhin zu Israel, dem auserwählten Volk Gottes gehören.
9. Wir glauben, dass an Jeschua gläubige Juden als Glieder des Volkes Israel und der geistlichen Familie der Kinder Gottes ihrem biblisch-jüdischen Erbe verpflichtet sind.
10. Wir unterstützen den biblischen Zionismus, das heißt das Recht für Juden, in Israel zu leben.
11. Wir glauben, dass messianisches Judentum heute die Fortsetzung des biblischen, rechtmäßigen Judentums ist.
12. Wir glauben, dass ein richtiges Schriftverständnis und ein darauf gegründetes Leben nur möglich [sind], wenn wir die biblisch jüdischen Wurzeln verstehen. […]
13. Wir glauben, dass unsere biblische Verpflichtung darin besteht, die Wahrheit von Jeschua allen Menschen zu bringen, den Juden zuerst.

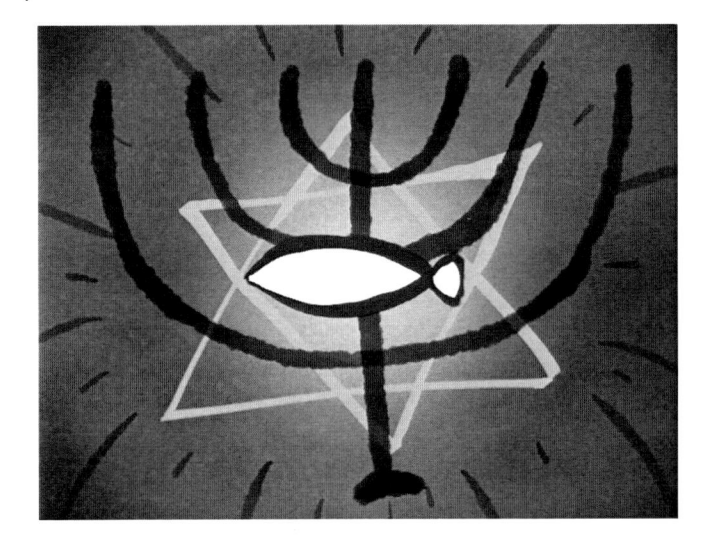

Aufgaben
1. Lies dir das Glaubensbekenntnis Messianischer Juden durch.
2. Beschreibe in eigenen Worten, woran Messianische Juden glauben.
3. Beschreibe, was sie mit dem Judentum gemeinsam haben und was ihnen mit dem Christentum gemeinsam ist.
4. Sieh dir das Symbol messianischer Juden an und beschreibe dessen mögliche Bedeutung.
5. Beschreibe und begründe, warum Messianische Juden gegenwärtig von den meisten jüdischen Gemeinden nicht als Juden anerkannt werden.
6. Erkläre und begründe, warum messianische Juden aber zugleich – trotz ihres christlichen Glaubens – Juden bleiben möchten.

Bildbetrachtung: Caravaggio, „Die Bekehrung des Paulus" (1601)

Info – Inhalt des Bildes
Der italienische Maler des Frühbarocks Michelangelo Merisi, kurz Caravaggio genannt (1571–1610), zeigt in dem Bild (2. Fassung) Paulus am Boden liegend und nur wenig Licht dringt zu ihm (oben rechts angedeutet). Caravaggio möchte den absoluten Perspektiv- und Persönlichkeitswechsel von Saulus zum Paulus betonen: Wie ein neuer Mensch muss Paulus aus dem niedergeschmetterten Saulus, welcher nur liegen kann und mit Blindheit geschlagen ist, aufstehen. Paulus beginnt demnach ein völlig anderes Leben.

1. **Spontane Wahrnehmung**
   Betrachtet das Bild in Ruhe und tauscht euch in Partnerarbeit über folgende Fragen aus:
   - Beschreibt spontan, was ihr auf dem Bild seht.
   - Was fällt euch auf?
   - Was gefällt euch?
   - Was gefällt euch nicht?

2. **Beschreibungen**
   Beschreibt euch gegenseitig in Partnerarbeit die Farben, Bewegungen, Haltungen auf dem Bild.
   - Wie ist das Bild aufgebaut? Versucht bitte genau auf die Farben zu achten.
   - Beschreibt die Bewegungen/Haltungen.
   - Stellt die Haltung der Personen nach, legt euch einmal so hin wie die abgebildete Person.

3. **Phase der Innenkonzentration**
   Beschreibt euch gegenseitig, was das Bild in euch auslöst.
   - Wenn ihr das Bild auf euch wirken lasst, was löst es bei euch aus?
   - Wie wirkt das Bild auf euch?
   - Was fühlt ihr?

4. **Analyse des Bildgehalts**
   Beschreibt, was das Bild bedeuten könnte und wie es sich erklären oder interpretieren lässt. Nutzt hierzu auch den Info-Kasten.
   - Was ist dargestellt?
   - Was hat es zu bedeuten?

5. **Identifizierung mit dem Bild**
   Verortet euch im Bild, beschreibt also, wo ihr euch vorstellen könntet, einen Platz einzunehmen.
   - Wenn ihr euch im Bild einen Platz suchen würdet, wo würdet ihr sein wollen?
   - Wenn ihr euch im Bild verorten würdet, wo würdet ihr stehen?
   - Begründet.

6. **Tragt eure Ergebnisse der Gesamtgruppe vor.**

Wer ist Paulus? Ich kenne nur Saulus ...

Sarah und Hanna treffen sich auf dem Weg zum Markt in Damaskus.
Sarah: *(flüstert)* Hast du es schon gehört? Das mit Paulus?
Hanna: Nein, was meinst du? Wer ist denn Paulus?
Sarah: Paulus war vorher Saulus, dieser Verfolger der Christen ...
Hanna: Was? Du meinst Saulus, der die neue gefährliche Sekte verfolgt hat? Was ist mit ihm? Und warum redest du von Paulus? Ich kenne keinen Paulus ...

Sarah: _____

Hanna: _____

Sarah: _____

Hanna: _____

Sarah: _____

Hanna: _____

Aufgaben
1. Lest den Dialog in verteilten Rollen, vervollständigt ihn und setzt ihn fort.
2. Schreibt anschließend eine Zeitungsnotiz für den Damaskus-Kurier, in welcher ihr über die Bekehrung des Saulus berichtet.

Theaterszene „Lydia und Paulus"

Ort: Palmen am Fluss, einige Frauen (Sarah, Lydia und Silene) sitzen und reden miteinander

Sarah: Habt ihr schon gehört, dass wieder einige Reisende zu uns nach Philippi gekommen sind? Was sie wohl mitbringen?
Lydia: Ich glaube nicht, dass sie etwas mit Handel zu tun haben, denn bei mir hat sich noch keiner vorgestellt.
Sarah: Ach, Lydia *(lachend)*, solange sich keiner für deinen Purpurhandel interessiert, ist es dir nicht so wichtig, wenn neue Männer hier auftauchen …
Silene: Ich habe gehört, dass sie von irgendeiner neuen Religion erzählen wollen!
Lydia: Ich brauche keine neue Religion – der Glaube der Juden ist gut für mich. *(Pause, nachdenklich, seufzend)* Wenn ich noch an die Zeit denke, bevor ich nach Philippi kam – 1000 Göttern musste man opfern und immer hatte man Angst, einen Gott vergessen zu haben … und wenn was schiefging, war man wieder schuld … – nein, nein, der jüdische Glaube an den einen Gott …
Silene: *(unterbricht)* Schaut mal, könnten das nicht diese Männer sein? Die suchen doch irgendwas, oder?

Alle drei Frauen halten ihre Hände über die Augen und schauen in die Ferne.
Drei Männer (Paulus, Timotheus und Silas) kommen auf die Frauengruppe zu.

Paulus: Schalom, seid gegrüßt, ich bin Paulus und dies sind meine beiden Begleiter Silas und Timotheus.
Lydia: Seid willkommen in Philippi, ich bin Lydia – Purpurhändlerin – und dies sind meine Freundinnen und Mitarbeiterinnen Silene und Sarah.
Die Männer und Frauen begrüßen sich untereinander.
Paulus: Wir haben schon von euch gehört und auch, dass ihr euch hier regelmäßig zum Beten und zum Reden trefft.
Lydia: *(einladende Handbewegung)* Setzt euch zu uns, erzählt: Wo kommt ihr her?
Timotheus: Wir kommen von Troas.
Paulus: Ja, und in Troas hatte ich eine Vision: Ein Mann aus Mazedonien stand da und bat mich: „Setze über nach Mazedonien und hilf uns!"
Timotheus: Da war uns klar, dass Gott uns herbeigerufen hatte. Wir segelten geradewegs nach Samothrake, kamen am nächsten Tag nach Neapolis und von dort zu euch nach Philippi.
Silene: Das hört sich spannend an. Warum seid ihr so viel unterwegs?
Silas: Uns treibt der Glaube an Jesus, den Christus Gottes. Wir glauben, dass dieser Jesus, der aus der Stadt Nazareth in Palästina kam, der Messias Israels ist.
Lydia: Messias? Aber die Juden warten doch immer noch auf den Messias.
Paulus: Wir drei und noch viele andere mit uns glauben, dass dieser Mann der verheißene Messias war, weil von ihm erzählt wird, dass er tatsächlich wieder auferstanden ist.
Silene: Hmmh, das hört sich zwar neu und interessant an, doch was war so Besonderes an diesem Jesus und warum seid ihr euch so sicher, dass er tatsächlich der Messias ist?
Timotheus: Lasst euch erzählen: Jesus, der Auferstandene, brachte schon zu seinen Lebzeiten neue Impulse. Er wandte sich besonders den Kranken und Schwachen, den Verstoßenen zu. Unter seinen Jüngern waren auch zahlreiche Frauen und er führte mit Kindern Gespräche und erlaubte den Kindern, bei ihm zu sitzen.
Silas: Er tat viele Wunder, heilte Menschen … Ihm ging es immer um die Menschen, sie waren ihm wichtiger als das religiöse Gesetz.
Paulus: Er hatte keine Angst, das laut zu sagen. Wir vermuten, dass ihn dieser Mut auch sein Leben gekostet hat. Wenn wir auf Jesus hören und ihm nachfolgen, dann gibt es nicht mehr Juden noch Griechen, weder Sklaven noch Freie, nicht mehr Mann und Frau, sondern wir sind alle eins in Christus.
Lydia: Weder Jude noch Grieche? Nicht mehr Mann und Frau? Das sagte er? Wie soll das gehen? Das hört sich ja unglaublich an. *(energisch)* Erzählt uns mehr von eurem Glauben!

Aufgaben
1. Lies dir die Szene in Philippi zunächst alleine durch. Spielt sie anschließend in verteilten Rollen.
2. Recherchiere nach den beiden Begleitern von Paulus.
3. Recherchiere nach dem Ereignis in Mazedonien.
4. Beschreibe, was das Besondere am christlichen Glauben gewesen sein könnte.
5. Überlegt gemeinsam, wie die Situation weitergehen könnte, und setzt die Theaterszene als Improvisationstheater fort.

| Name: | Klasse: | Datum: | ZM 7 |

Brief an Paulus zurück

Lieber Paulus,

___

Aufgaben
1. Lest euch in eurer Gruppe noch einmal genau den Briefabschnitt durch, den ihr erhalten habt.
2. Recherchiert in der Bibel nach dem Kontext und lest mindestens das gesamte Kapitel, welches zu dem Abschnitt gehört.
3. Nun stellt euch vor, ihr hättet den Brief als Gemeinde erhalten. Antwortet Paulus, indem ihr als Gruppe eure Gefühle beschreibt, Paulus Fragen stellt und euren Glauben oder euer Gemeindeleben beschreibt.

Wofür gebe ich mein Geld aus?

¹ Nun noch ein Wort zur Spendensammlung für die Heiligen in Jerusalem:
Macht es so, wie ich es auch für die Gemeinden in Galatien angeordnet habe:
² Am ersten Tag jeder Woche soll jeder von euch etwas zurücklegen.
Er soll so viel ansammeln, wie ihm möglich ist.
Denn ihr sollt mit dem Spendensammeln nicht erst dann anfangen, wenn ich komme!
³ Wenn ich dann da bin, werde ich diejenigen losschicken, die ihr für geeignet haltet.
Sie bekommen Briefe mit und sollen eure Gaben nach Jerusalem bringen.
(1 Kor 16,1–3)

Aufgaben
1. Lies den Ausschnitt aus dem Brief an die Korinther, den Paulus geschrieben hat. Beschreibe, welchen Vorteil es haben könnte, immer am Anfang der Woche etwas Geld zurückzulegen.
2. Erstelle eine Liste, in der du aufschreibst, wofür du dein Taschengeld ausgibst.
3. Begründe, warum es Sinn machen könnte, Geld zu sparen und es dann zu spenden. Falls du nicht spenden möchtest, wofür könntest du dir vorstellen zu sparen?
4. Überlegt euch Organisationen, Personen, Gelegenheiten, bei denen ihr euch vorstellen könntet, wirklich Geld zu spenden. Falls ihr keine kennt oder nicht spenden möchtet, überlegt, wie man das Geld sinnvoll einsetzen könnte.

Vor dem Apostelkonzil

Petrus: Also, lieber Paulus, ich frage mich tatsächlich, wie das morgen laufen soll. Du kannst doch nicht einfach mit deinen ganzen Heidenchristen ankommen und sie in unserer Gemeinde mitlaufen lassen.

Paulus: Du hast ja keine Ahnung! Das sind keine Mitläufer, sondern aufrichtige, bekehrte Christen, denen auch das Erlebnis des Glaubens an den Auferstandenen wahrhaftig zuteil wurde. Wie kannst du an deren Glauben zweifeln?

Petrus: Aber Paulus, nun beruhige dich doch. Ich zweifle nicht an deren Glauben, aber ich zweifle an deren Umsetzung im Leben. Was sind das denn für Vorbilder, wenn sie als Unbeschnittene in unserer Mitte sind und sich auch nicht an das koschere Essen halten und schlimmer noch: Sie gehen sehr freizügig mit ihrer Sexualität um und …

Paulus: Hast du schon mit einem von ihnen gesprochen? Was erwartest du von ihnen? Sie kommen nicht aus einem jüdischen Hause. Sie …

Petrus: Aber … _____

_____

Paulus: Gib ihnen doch eine Chance. Sie können doch … _____

_____

Petrus: Aber so versteh doch: Wir sind alle zu unterschiedlich. Das kann nicht gutgehen, da sind Juden und Griechen, alle sind so anders in ihrem Glauben und Leben … _____

_____

Paulus: Ja, aber das ist doch gerade … _____

_____

Petrus: Und wie wollen wir uns morgen einig werden? Ich sehe keine geeignete Lösung für ein gutes Miteinander … _____

_____

Paulus: _____

_____

Petrus: _____

_____

Paulus: _____

Petrus: _____

Paulus: Okay, dann bis morgen auf dem Konzil.
Petrus: Ich bin gespannt, ob alles so klappt. Gepriesen sei der Herr.

Aufgaben
1. Lies dir den Dialog durch, ergänze an den offenen Stellen und führe ihn entsprechend fort.
2. Spielt den Dialog dem Religionskurs vor.

Paulus, Tertullian und heutige Christen und ihre Grundsätze für das Gemeindeleben

Paulus' Grundsätze	Tertullians Grundsätze	heutige kirchliche Grundsätze
keine Rassentrennung		
		Geschlechtergerechtigkeit
	Vorsitz hat ein Älterer der Gemeinde	
Sammlung von Geld und Abgabe an ärmere Menschen	Geld wird nur für nötige Zwecke (Unterhalt, Begräbnis Armer, Versorgung von Waisen oder alten Menschen) eingesammelt und gespendet	
	Bezeichnung untereinander als Brüder	
einander Gerechtigkeit und Liebe antun		
Einhaltung von einem Kompromiss an Gesetzen		
		sonntägliche Feier
		füreinander da sein in Notlagen, Armut (Caritas)

Aufgaben
1. Lies dir noch einmal die Seiten 50–51 in deinem Schulbuch durch. Ergänze dementsprechend die Tabelle.
2. Besprecht das, was ihr nicht recherchieren konntet, gemeinsam in der Religionsgruppe.

Juden- und Christenverfolgungen

Aufgaben

1. Recherchiert nach Judenverfolgungen und beschreibt eine Verfolgungen näher, z. B.: Wer wurde wann und von wem verfolgt? Was ist geschehen? Was waren die Konsequenzen?

2. Recherchiert nach Christenverfolgungen und beschreibt eine Verfolgung näher, z. B.: Wer wurde wann und von wem verfolgt? Was ist geschehen? Was waren die Konsequenzen?

3. Begründet, warum Menschen andere Menschen um ihres Glaubens willen verfolgen möchten.

4. Recherchiert nach heutigen Verfolgungen von Menschen, die wegen ihres Glaubens getötet werden.

Konstantin

Zeit	Ereignis
ca. 270–288 n. Chr.	Geburt Konstantins, die Eltern heißen Constantius und Helena
306 n. Chr.	
	Kaiser Maxentius marschiert gegen Rom
	Sieg _____ über Kaiser _____
	Triumphzug von
313 n. Chr.	
315 n. Chr.	
	Kämpfe Konstantins
324 n. Chr.	
	Einführung des Sonntags …
	Taufe von
337 n. Chr.	

Aufgaben
1. Lies dir noch einmal den Text auf Seite 54 in deinem Schulbuch über Konstantins Leben durch.
2. Ergänze die Tabelle entsprechend.

Islam (Seite 58–81)

Einen Moment noch ...

Bei der Bearbeitung des Themas Islam soll es darum gehen, viele Aspekte dieser Weltreligion kennenzulernen und diese auch in Beziehung zum Christentum, dem viele SuS angehören werden, zu setzen, um sich einerseits auf Gemeinsamkeiten zu besinnen, andererseits aber auch Unterschiede zu erkennen und zu akzeptieren. Alle SuS werden Muslime kennen und haben i.d.R. auch etliche muslimische Mitschüler*innen. Durch die Flüchtlingsbewegung ist die Zahl der Muslime stark angestiegen und steigt weiterhin an. Von daher ist die Begegnung mit dem Islam für die SuS nicht ganz neu und sie werden diese Religion auch nicht als komplett fremd empfinden. Wissen im Detail werden aber die Wenigsten haben. Auch sind sie vermutlich durch die häufig einseitige Darstellung des Islams in den Medien, was die Islamfeindlichkeit in der Bevölkerung schürt und auch dem Rechtspopulismus Argumente liefert, schon mit Vorurteilen konfrontiert worden. Umso wichtiger ist es, Wissen zu erlangen, um Vorurteilen auch kompetent entgegentreten zu können. Wissen über die eigene Religion und Kultur und über die der anderen vermittelt Sicherheit, was für die interkulturelle und interreligiöse Begegnung wichtig ist, um sich auf Augenhöhe begegnen zu können. Hier liegt die Chance des Religionsunterrichts. Diese Unterrichtseinheit setzt schon vorhandene Kenntnisse voraus, weil die Thematik bereits in anderen Jahrgangsstufen behandelt worden ist. Auf dieser Grundlage kann auch gut vergleichend gearbeitet werden, was die Dialogfähigkeit der SuS weiter stärken kann.

„Interreligiöse Bildung verfolgt das Ziel, Dialog- und Orientierungsfähigkeit im weltanschaulichen Pluralismus zu stärken. [...] Die Pluralität von Weltanschauungen und Religionen, von Kulturen und Nationalitäten macht interreligiöse Bildung zu einem dringenden Desiderat. Erste Schritte dazu sind: wahrnehmen, begegnen, beschreiben, verstehen, kritisch und selbstkritisch Stellung beziehen. [...] Interreligiöse Ansätze verfolgen dialogische Intentionen. Es geht um eine wertschätzende, nicht abwertende Perspektive auf Menschen anderer religiöser Prägung mit ihren Überzeugungen und praktischen Religionsvollzügen." (Reinhard Hempelmann, Interreligiöse Bildung, unter: https://www.ezw-berlin.de/html/3_9561.php, 08.12.2019)

Zum Weiterlesen

- *Blumhagen, Doreen:* Der Islam: Grundlagen und Alltagspraxis des Islam (7.–10. Klasse); Donauwörth 2016
- *Hahn, Heinz:* Der Islam: Geschichte und Gegenwart; München 2018
- *Kaddor, Lamya/Müller, Rabea:* Der Islam: Für Kinder und Erwachsene; München 2012
- *Langenhorst, Georg:* Trialogische Religionspädagogik; Freiburg (Br.) 2016
- *Lück, Eckhard/Ziegler, Olga:* Trialog der Religionen: Stationenarbeit zu Judentum, Christentum und Islam (7.–9. Klasse); Hamburg 2019
- *Meyer, Karlo:* Die Ambivalenzen der Fremdheit und ihr religionspädagogisches Potenzial, https://www.rpi-loccum.de/material/pelikan/pel3-11/theo_meyer (08.12.2019)
- *Tischler, Bianca:* Einführung in den Islam: Eine Unterrichtsreihe für die Jahrgangsstufen 5–7; Donauwörth 2019

Didaktischer Kommentar

Islam – zu Doppelseite 58/59

Auf der Titelseite von Kapitel 3 sind vier Fotos zu sehen, die dazu einladen, zunächst erste Assoziationen zu der Thematik zu äußern. Schon hier könnten sich interessante Gespräche entwickeln. Möglicherweise gibt es SuS in der Klasse, die die hier abgebildete Al-Aqsa-Moschee in Jerusalem oder ähnlich prachtvolle Moscheen schon besucht haben. Diese wird sich vermutlich von vielen Moscheen unterscheiden, die die SuS in ihrem Stadtbild entdecken, wo die Moscheen z.T. unscheinbar und versteckt in Hinterhöfen zu finden sind. Das Bild der beiden Frauen legt nahe, darüber zu sprechen, dass sich die Zugehörigkeit zu manchen Religionen z.T. durch das Tragen bestimmter Kleidung zeigen kann. Allerdings sollten auch keine vorzeitigen Schlüsse gezogen werden, denn theoretisch ist es natürlich möglich, dass es sich auch bei der leicht bekleideten blonden Frau um eine Muslima handelt.

Das Bild mit dem Gebäck (Baklava u.a.), das mit der Türkei oder arabischen Ländern assoziiert werden kann, in denen viele Muslime leben, lädt SuS dazu ein, zu berichten, wo sie solche Süßwaren schon einmal gesehen oder sogar probiert haben: vielleicht in arabischen Geschäften in ihren Wohnorten, bei Freund*innen oder im Urlaub. Hier steht weniger der religiöse Bezug als eher der kulturelle im Fokus, da es hier nicht um die Unterscheidung von halal und haram geht. Und schließlich ist ein Koran zu sehen. Schon von dem Bild lässt sich etwas über den möglichen Umgang mit der heiligen Schrift der Muslime ableiten: So liegt der Koran auf einem Tisch und nicht auf dem Boden und es ist zu sehen, dass die Seiten prachtvoll gestaltet sind.

Eine Automesse – ohne Muslime? – zu Doppelseite 60/61

In der ersten Aufgabe auf Seite 61 geht es darum, dass die SuS ihr bisheriges Wissen über den Islam, das sie z.B. in anderen Jahrgangsstufen oder im Umgang mit muslimischen Mitschüler*innen erworben haben, in einem Lerntagebuch schriftlich festhalten. Auch sollen sie ihre Fragen notieren.

Zu Aufgabe 2: Geplant werden müsste ein Essen, das gemäß den muslimischen Speisevorschriften, also halal, ist. Wenn es überhaupt Fleisch geben soll, darf dieses zum einen nicht vom Schwein sein und muss zum anderen von geschächteten Tieren stammen, wobei diese Regel nicht von allen Muslimen so streng gesehen wird. In jedem Fall muss auch dafür gesorgt werden, dass es genügend alkoholfreie Getränke gibt.

An konkretem Hintergrundwissen bietet diese Doppelseite Informationen darüber, was in Bezug auf Ernährung, „halal", erlaubt ist. Für gläubige Muslime ist es nicht so einfach, sich immer so zu ernähren, dass es „halal" ist, weil eigentlich alle Rohstoffe einzeln unter die Lupe genommen werden müssten. „Generell tabu sind Aas, Blut, Schweinefleisch und Berauschendes wie Alkohol. Doch allein damit ist, wer sich „halal" ernähren möchte, längst nicht auf der sicheren Seite. Alle Rohstoffe, jeder einzelne Schritt der Herstellung bis hin zur Lagerung, müssen genau unter die Lupe genommen werden. Und das ist insbesondere bei hochverarbeiteten Lebensmitteln zumeist gar nicht so einfach." (Christina Rempe, Halal-Ernährung: Essen nach den Regeln des Korans, unter: https://www.bzfe.de/inhalt/halal-ernaehrung-472.html, 09.12.2019)

An dieser Stelle eignet sich der Einsatz von ZM 1.

Wo begegnest du Muslimen und ihrer Religion? – zu Doppelseite 62/63

Ist der Islam für Kinder und Jugendliche, in diesem Fall speziell für die Kinder der Klasse, eine unbekannte Religion? Die Umfrageergebnisse des Meinungsforschungsinstituts YouGov von 2016 lassen vermuten, dass Muslime und ihre Religion auch nach Jahrzehnten des Zusammenlebens noch einem Großteil der Bevölkerung fremd sind. Allerdings ist zu vermuten, dass das für einen Großteil der SuS nicht zutrifft, da kaum ein Kind keine muslimischen Mitschüler*innen hat oder muslimische Kinder aus anderen Kontexten (Sportverein etc.) kennt.

Es würde sich anbieten, zu Aufgabe 1 in Partner- oder Gruppenarbeit die Fragen des Jugendlichen zu beantworten. Anschließend könnten die Ergebnisse im Plenum verglichen und ermittelt werden, welche der Fragen von vielen Kindern beantwortet werden konnten und wo es noch Klärungsbedarf gibt. Es ist z.B. anzunehmen, dass vielen Kindern etliche muslimische Fußballer bekannt sein könnten, wie z.B. Mesut Özil, Sami Khedira oder Mohamed Salah. Vgl. hierzu auch ZM 2. Seit Salah erfolgreich für Liverpool spielt, sind dort die anti-muslimischen Kommentare von den Fans deutlich zurückgegangen. Vgl. https://www.deutschlandfunkkultur.de/der-mohamed-salah-effekt-muslimischer-fussballstar-laesst.966.de.html?dram:article_id=457749 (12.12.2019). Falls möglich, könnte nun noch vertiefend mittels einer Internetrecherche gearbeitet werden, u.U. auch arbeitsteilig und nach Interesse. So könnte sich eine Gruppe z.B. mit dem Thema „muslimische Rapper" beschäftigen. Allerdings wäre hier darauf zu achten, dass kritische Überlegungen zu vielen Texten von Rappern (was sich nicht auf muslimische Rapper beschränkt) angestellt werden sollten (z.T. finden sich Beispiele von Gewaltverherrlichung bzw. Diffamierung bestimmter Gruppen wie Frauen, Homosexueller, Ausländer etc.). Bei hinreichend Zeit wäre es auch denkbar, im Zusammenhang mit den muslimischen Modelabels die Ausstellung

„Contemporary Muslim Fashion", die derzeit im Museum für Angewandte Kunst in Frankfurt zu sehen ist, kritisch zu reflektieren (vgl. www.efo-magazin.de; 08.12.2019).
In der zweiten Aufgabe geht es um die z.T. einseitige Berichterstattung über den Islam in den Medien. Auch Kinder und Jugendliche haben i.d.R. schon erfahren, dass die Darstellung des Islams in den Medien häufig negativ ist und islamistischer Terror im Fokus steht. So geraten Muslime häufig in einen Rechtfertigungszwang, obwohl der absolute Großteil der muslimischen Bevölkerung in keinerlei Beziehung zu diesen Taten steht. Umso wichtiger ist die häufige und differenzierte Beschäftigung mit dem Islam, um Vorurteilen kompetent etwas entgegensetzen zu können.
Beim Vergleich der positiven und negativen Erfahrungen muslimischer Jugendlicher mit ihrer Religion (Aufgabe 3) lässt sich festhalten, dass die negativen Erfahrungen auch mit der häufig negativen Berichterstattung und den Vorurteilen im Zusammenhang stehen. Ebenfalls werden die Schwierigkeiten des Praktizierens religiöser Pflichten in einem nicht muslimischen Land wie Deutschland genannt. Als positiver Aspekt wird beispielsweise die Kleiderfreiheit betont, die es z.B. ermögliche, ein Kopftuch zu tragen.
Spannend wäre es, die Äußerungen muslimischer Kinder und Jugendlicher einzubeziehen, die die SuS kennen, z.B. könnten die Meinungen muslimischer Mitschüler*innen eingeholt werden, wenn diese sich äußern möchten.

Was gehört zu einer Moschee? – zu Doppelseite 64/65

Hier und auf Seite 58 sind ausgesprochen prachtvolle Moscheen abgebildet, die vermutlich vielen SuS im Stadtbild nicht häufig begegnen, sondern eher die „Hinterhof-Moscheen", die auf den ersten Blick häufig gar nicht als Gotteshäuser erkannt werden (vgl. dazu Seite 66).
In der ersten Aufgabe sollen Merkmale einer Moschee genannt werden. Bezogen auf die hier abgebildeten Moscheen lassen sich an Merkmalen z.B. Kuppel, Säulen oder Mosaiken nennen (Aufgabe 1).
Das Anhören der Koran-Rezitation (Aufgabe 2) sollte gut vorbereitet werden, weil es sonst passieren könnte, dass die SuS das ins Lächerliche ziehen könnten, weil den meisten der Rezitations-Stil und die Sprache nicht vertraut sind. Ein besonderes Erlebnis wird es sicher sein, wenn ein/e Mitschüler*in das Rezitieren übernehmen kann. Zu dem Erleben von Fremdheit vgl. Karlo Meyer, der auf die ambivalente Erfahrung hinweist, die durch die Konfrontation mit dem „Fremden" erfolgen kann: „Die Kinder lachen, als sie den Ruf des Muezzin zum Gebet hören. Das Fremde macht unsicher. Es ist „komisch", es irritiert. Es geht nicht auf, wie die bekannten Dinge aufgehen. Die Schülerinnen und Schüler hören jemanden rufen, aber wie er ruft, ist ganz seltsam und unverständlich. Sie wissen nicht, wie sie sich verhalten sollen, empfinden es als „komisch". Der Lehrer stoppt das Tonband. Warum lachen sie? Schnell kommt heraus, dass sie lachen, weil es fremd ist und sie es nicht verstehen. Es ist eine fremde Sprache. Diese Erklärung ist verständlich." (Karlo Meyer, Die Ambivalenzen der Fremdheit und ihr religionspädagogisches Potential, unter: https://www.rpi-loccum.de/material/pelikan/pel3-11/theo_meyer, 08.12.2019)
In der dritten Aufgabe soll der Vergleich zu (evangelischen) Kirchen hergestellt werden. Hier könnten vor allem religiös sozialisierte Kinder die ihnen vertrauten Kirchen beschreiben und u.U. auch Bilder davon mitbringen. Wie bei den Moscheen sollte darauf hingewiesen werden, dass es auch hier nicht *den* evangelischen Kirchenraum gibt, sondern dass sich diese Räume bzw. auch die Gebäude z.T. stark voneinander unterscheiden, was u.a. auch davon abhängig ist, wann die Kirche gebaut wurde. Falls möglich, sollte im Rahmen des Religionsunterrichts unbedingt eine Moschee besucht werden, weil die Begegnung vor Ort noch einmal ein tieferes Verstehen einer Religion ermöglichen kann. „Interreligiöse Begegnungen sind eine Gratwanderung zwischen einer mir unbekannten Fremdheit und einem mir Bekannten – das Entdecken eines Raums ist für Schülerinnen und Schüler interessant und weckt Neugier, darf aber nicht zu Grenzüberschreitungen führen: beispielsweise ist es beim Betreten des Gebetsraumes einer Moschee ungeschriebene Regel, die Schuhe auszuziehen, denn das Gebet hat nur Gültigkeit, wenn der Boden, auf dem die Menschen beten, sauber ist. Es wäre folglich ein Affront gegen die Gemeinde, diese Regel zu brechen, indem man mit Straßenschuhen auf den Gebetsteppichen herumläuft. Schülerinnen und Schüler müssen sich daher dieser Regel beugen. [...] Ein Kopftuch für Frauen und Mädchen ab der Pubertät ist bei Musliminnen, die in die Moschee gehen, auch dann üblich, wenn sie sonst kein Kopftuch tragen. Bei Nichtmusliminnen wird dies in Deutschland meist nicht erwartet, es ist aber eine Frage der Höflichkeit, sich als Gast danach zu erkundigen, was und wie es bei den Gastgebern gehandhabt wird. Auch wenn angemessenes Verhalten dazugehört, schließt dies das spielerische Entdecken nicht aus, beispielsweise können die Schülerinnen und Schüler mit einem Kompass auf dem Hof der Moschee die Gebetsrichtung (qibla) herausfinden." (Muhammet Yanik, Moschee, im konfessionellen Religionsunterricht, Jan. 2015, unter: https://www.bibelwissenschaft.de/wirelex/das-wissenschaftlich-religionspaedagogische-lexikon/wirelex/sachwort/anzeigen/details/moschee-im-konfessionellen-religionsunterricht/ch/dc8fc4a02c5afe9be01b28dfa32b7895/#h14, 09.12.2019)
Vgl. an dieser Stelle auch ZM 3. Dort wird u.a. die rituelle Waschung anhand von Bildern gezeigt, da diese als Vorbereitung für Muslime, die die Moschee zum Gebet besuchen, wichtig ist. So kann ZM 3 auch im Zusammenhang mit den fünf Säulen – zur Säule Gebet – eingesetzt werden. Die SuS

erfahren, dass eine rituelle Reinigung nicht nur dazu dient, körperlich, sondern auch seelisch rein zu werden.

Wie vielgestaltig ist der Islam? – zu Doppelseite 66/67

In der ersten Aufgabe geht es darum, sich mit dem Thema Moschee-Bauten kritisch auseinanderzusetzen. Dieses Thema wird z.T. kontrovers diskutiert. Zunächst sollte von der Lehrkraft geprüft werden, inwieweit die Thematik die Ortschaften, in der die SuS beheimatet sind, bestimmt. Gibt es z.B. auch dort Beispiele von Kontroversen um Moschee-Bauten? Falls ja, wäre es sinnvoll, diese aufzugreifen, weil dann der Lebensweltbezug zu den SuS am besten hergestellt werden kann. Fall das nicht der Fall sein sollte, wäre es gut, z.B. mithilfe einer Internetrecherche, ein Beispiel zu finden, wo kontrovers diskutiert wurde, und dann, wie vorgeschlagen, eine Pro- und Kontraliste zusammenzustellen. Diese könnte als Grundlage für eine Podiumsdiskussion dienen.

Vor allem wegen der vielen Vorurteile, mit denen sich Muslime immer wieder konfrontiert sehen, ist es wichtig, im Unterricht herauszuarbeiten, dass es „den" Islam ebenso wenig gibt wie „das" Christentum, „das" Judentum etc. So problematisiert die zweite Aufgabe die Pauschalisierung „des" Islams. Schon allein deshalb ist dieser Begriff unzutreffend, weil es in Deutschland etliche Dachverbände gibt, die den Islam repräsentieren und organisieren und darüber hinaus noch etliche weitere Richtungen existieren. Nur eine Minderheit von Moscheen oder Moscheeverbänden wird vom Verfassungsschutz beobachtet. Das ist deshalb wichtig zu betonen, weil die Berichterstattung in den Medien häufig den Eindruck erwecken kann, dass der Islam häufig im Zusammenhang mit Gewalt und Terror steht, was nicht der Wahrheit entspricht. Um diesem Eindruck entgegenzuwirken, ist es sehr wichtig, dass an Schulen schon früh differenziertes Hintergrundwissen vermittelt wird.

Warum weiß man nicht genau, wie viele Muslime in Deutschland leben? Diese Fragestellung wird im Moment mal! angerissen. Offenbar gibt es eine Diskrepanz zwischen der „gefühlten" und der tatsächlichen Zahl der Muslime in Deutschland. Das belegen Umfragen. Die bislang umfangreichste Studie vom BAMF bezieht sich auf das Jahr 2015 und ergab, dass 4,4–4,7 Millionen Menschen dem Islam angehören. Allerdings wird sich diese Zahl durch die Migration seit 2015 erheblich verändert haben. Problematisch ist die Bestimmung der Zahl, weil sich diese anders als z.B. bei Angehörigen des Christentums nicht anhand von Steuerzahlungen festmachen lässt (vgl. dazu z.B. Die Zeit Nr. 17/2018).

Weshalb ist der Koran für Muslime eine heilige Schrift? – zu Doppelseite 68/69

Die Überschrift des Kapitels macht durch die Verwendung des Adjektivs „heilig" schon deutlich, welchen hohen Stellenwert der Koran für Muslime hat. In der ersten Aufgabe geht es darum, sich mit der Legende um die Koran-Offenbarung zu befassen. In dem Auszug aus einem muslimischen Schulbuch wird die Geschichte der Offenbarung durch den Engel Gabriel, die Moses im Alter von ungefähr 40 Jahren erlebte, auf eindrücklich emotionale Weise geschildert. Es ist ein Glaubenszeugnis und wird als solches vermutlich mehr Eindruck bei den SuS hinterlassen, als wenn darüber in einem kurzen Sachtext berichtet worden wäre. In einen solchen sollen die SuS die Geschichte nun umschreiben, was erfordert, dass sie die zentralen Informationen aus dem Text herausarbeiten. Dass es sich um die Offenbarung des Korans handelt, geht aus diesem Auszug nicht eindeutig hervor, hier müsste von der Lehrkraft noch etwas Hintergrundwissen ergänzt werden. Zur Gestaltung und zum Umgang mit dem Koran vgl. ZM 4.

Die zweite Aufgabe fordert dazu auf, die Berufungsgeschichten von Muhammad und Abraham einem Vergleich zu unterziehen. Die Geschichte von der Berufung Abrahams (vgl. Gen 12) ist für die drei monotheistischen Religionen von Bedeutung. Abraham gilt als Stammvater Israels (Gen 17,4f) und ist für Muslime ein Prophet, der von Abraham abstammt. Von daher spielt Abraham auch eine wichtige Rolle für den Trialog der monotheistischen Religionen. Falls genügend Zeit zur Verfügung steht, könnte über Abraham auch ausführlicher gesprochen werden, zumal die Geschichte seines Aufbruchs gut zu Fragen unserer Zeit passt (Flucht, Migration, Neuanfang).

Auch in der dritten Aufgabe geht es um einen Vergleich. Das muslimische Glaubensbekenntnis ist sehr knapp und einprägsam. Es begleitet gläubige Muslime von der Geburt bis zum Tod, da es sowohl Neugeborenen als auch Sterbenden ins Ohr gesprochen wird. Auch wird es gesprochen, wenn jemand zum Islam konvertieren möchte. Das Apostolische Glaubensbekenntnis ist dagegen längst nicht allen Christen bekannt. Es gibt Gemeinden, die es längst durch ein „Glaubensbekenntnis unserer Zeit" ersetzt haben. Durch seine Länge und seine z.T. auch für Christen schwierigen Formulierungen (z.B. im Zusammenhang mit der Trinität) ist es längst nicht so bekannt unter Christen wie das Glaubensbekenntnis bei Muslimen. Einen vergleichbaren Stellenwert wie das muslimische Glaubensbekenntnis hat im Christentum vielleicht eher das Vaterunser. Vergleiche an dieser Stelle auch ZM 5.

Im Zusammenhang mit Aufgabe 4 wäre es sicher spannend, darüber zu sprechen, was es bedeutet, einen Auftrag zu bekommen, für den man sich vielleicht zu klein und nicht hinreichend kompetent fühlt. Da können viele Beispiele aus der Lebenswelt der SuS herangezogen werden.

Falls die Zeit es zulässt, können bekannte Propheten der monotheistischen Religionen miteinander verglichen werden.
Die beiden Zitate in Aufgabe 5 weisen auf einen grundlegenden Unterschied im Verständnis der heiligen Schriften des Islams und des Christentums hin. Für Muslime ist der Koran Gottes Wort, das Muhammad durch den Engel Gabriel diktiert bekam. Da sich Muslime im wahrsten Sinne des Wortes kein Bildnis machen sollen, sind Schmuck wie Mosaike, Ornamente oder kunstvolle Schriften (Kalligrafie) Möglichkeiten, die Verehrung Gottes dennoch künstlerisch zum Ausdruck bringen zu können. Mit solch verzierten Koranversen ist häufig auch der Gebetsraum in der Moschee verziert. Eine Idee für den Unterricht wäre, dass die SuS selbst etwas, das ihnen wichtig ist, ohne konkrete Bilder künstlerisch, z. B. mithilfe von Kalligrafie (die sich z. Z. ohnehin großer Beliebtheit erfreut), zu gestalten. Auch für viele Christen ist die Bibel „heilig", allerdings wird sie i. d. R. als von verschiedenen Menschen über einen Zeitraum von Jahrhunderten verfasstes Werk, das sich aus vielen einzelnen Büchern zusammensetzt, aufgefasst. So wird meistens auch das Buch weniger ehrfürchtig behandelt als der Koran. Falls noch Zeit ist, könnte der Umgang mit dem Koran auch mit dem Umgang der Torah bzw. des Tenach von Juden verglichen werden.

Wonach richten sich Muslime? – zu Doppelseite 70/71

Die fünf Säulen sind das Zentrum des muslimischen Glaubens. „Säulen" sind nicht im architektonischen Sinne zu verstehen, sondern symbolisieren die Grundlagen des Glaubens. Mit SuS lassen sich die fünf Säulen sehr gut arbeitsteilig erarbeiten und gut möglich ist auch eine kreative Arbeitsform – so könnten konkrete Säulen gestaltet werden (z. B. Pappsäulen aus Küchenpapier- oder Posterrollen mit Bildern und Texten bekleben). Wichtig ist, herauszuarbeiten, dass diese Säulen Muslimen helfen, ihr Leben im religiösen Sinne zu strukturieren und diese die Grundlage für ihr Leben darstellen können. Zu der Säule Gebet (Salāt) vgl. ZM 6, zu Zakāt vgl. ZM 7 (Aufgabe 1).
In der zweiten Aufgabe geht es um eine der Säulen, das Fasten. Dieses wird als Übung der Selbstbeherrschung angesehen und stellt insofern auch eine Herausforderung dar. Weiterhin stärke es das Zusammengehörigkeitsgefühl der Muslime und sei als Akt der Solidarität mit denjenigen, die Hunger leiden, zu sehen. Als schwierig empfinden es manche Muslime, das Fasten mit dem Alltag in nicht muslimischen Ländern zu vereinbaren. Auch erschwere es das Fasten, wenn Nicht-Muslime normal essen. Es wäre interessant, mit den SuS darüber zu sprechen, was Verzicht bedeutet und wann sie schon einmal auf etwas verzichtet haben. Viele evangelische Christen beteiligen sich z. B. an der Aktion „7 Wochen ohne" während der Passionszeit. An dieser Stelle sei ZM 8 empfohlen.
Mit einer weiteren Säule, der Pilgerfahrt, beschäftigt sich die dritte Aufgabe. Die Islamwissenschaftlerin Silvia Horsch beschreibt die Hadsch (Pilgerfahrt) als sehr intensive religiöse Erfahrung. Vermutlich werden die SuS keine Erfahrung mit Pilgerfahrten haben. Möglicherweise haben sie aber schon einmal Etappen des Jakobswegs gemacht oder kennen Berichte darüber. Durch Hape Kerkelings Buch- und Filmerfolg „Ich bin dann mal weg" hat das Thema Pilgern an Popularität gewonnen.

Wie entstand der Islam? – zu Doppelseite 72/73

Als wichtige Daten müssen auf dem Zeitstrahl folgende mindestens vorkommen:
- um 570 Geburt Muhammads in Mekka
- um 610 erste Offenbarung durch den Erzengel Gabriel nach Glauben der Muslime (nicht historisch belegt)
- 622 Hidschra („Auswanderung") Muhammads von Mekka nach Yathrib (Medina)
- 624 Schlacht gegen die Mekkaner, aus der Muhammad und seine Anhänger als Sieger hervorgingen
- 632 Tod Muhammads
- 632–656 Kalifen (Nachfolger) Abu Bakr, Omar und Othman
- 656 der von Muhammad bestimmte Kalif Ali (gilt als 4. Kalif für Sunniten und 1. Kalif für Schiiten) (Hinweis: zum Unterschied zwischen Sunniten und Schiiten vgl. SB S. 74)
- um 750 schriftliche Fixierung der Hadithe (Aufgabe 1)

Die zweite Aufgabe fordert dazu auf, die Anzahl der Muslime im Umfeld der SuS zu bestimmen. Die Ermittlung der Zahl der Muslime ist allerdings nicht so einfach, wie bereits zuvor angesprochen worden wurde (vgl. SB S. 66/67). Weiterhin ist anzunehmen, dass ein Schulsekretariat diese Auskunft gar nicht geben darf, sofern solche Daten überhaupt vorliegen.

Wer ist wer im Umfeld des Islams? – zu Doppelseite 74/75

Zu Aufgabe 1 wäre es denkbar, in den Gruppen arbeitsteilig zu arbeiten, weil dann die Ergebnisse möglicherweise ausführlicher und differenzierter sind, als wenn alle angegebenen Themen abgearbeitet werden. Zu den fünf Säulen könnte neben einer allgemeinen Darstellung auch noch in fünf Gruppen zu den einzelnen Säulen gearbeitet werden. Neben den Sunniten und Schiiten könnten auch weitere Gruppen wie die Aleviten vertiefend erarbeitet werden. Für das Thema „Propheten im Christentum und Islam" finden sich in diesem Kapitel nicht hinreichend Informationen, dazu müsste mit weiteren Materialien gearbeitet werden.
In der zweiten Aufgabe geht es darum, Gemeinsamkeiten und Unterschiede zwischen Islam und Christentum zu formulieren. Als eine Gemeinsamkeit könnte genannt werden,

dass Abraham für beide Religionen eine wichtige Rolle spielt. Unterschiede sind z. B. das Verständnis des Wortes Gottes bzw. die Entstehung der jeweiligen heiligen Schriften.

Welche Rolle spielt das Kopftuch? – zu Doppelseite 76/77

In der ersten Aufgabe geht es darum, sich mit ausgewählten Koran-Zitaten zu beschäftigen. Demnach sollen sowohl Männer als auch Frauen, sofern sie gläubig sind, „ihre Blicke senken und ihre Scham bewahren". Weiterhin sollen sie „gläubig, ergeben, wahrhaftig, geduldig, demütig" sein, „Almosen geben, fasten (…) und Gottes viel gedenken". Für die Frauen wird diese Verhaltensvorgabe noch konkretisiert, was ihr Erscheinungsbild in der Öffentlichkeit angeht. So sollen sie z. B. ihren Schmuck nicht offen zeigen und sich z. T. verhüllen. Vermutlich müssten einige Formulierungen besprochen werden, weil sie nicht im Sprachgebrauch der SuS sind, z. B. „Scham bewahren" (Aufgabe 1).

Die zweite Aufgabe ist im Zusammenhang mit einem Text von Kübra Gümüsay, einer deutschen Journalistin, Bloggerin und Netz-Aktivistin, zu bearbeiten. Diese trägt ihr Kopftuch freiwillig, weil sie es als religiöse Pflicht ansieht. So fühle sie sich Gott näher. Weiterhin bekenne sie sich gerne öffentlich und sichtbar zu ihrer Religion. Sie beschreibt Anfeindungen und Unverständnis, mit denen sie aufgrund ihrer Entscheidung für das Kopftuch konfrontiert wurde. Sie weist darauf hin, dass es unterschiedliche Gründe geben könne, warum eine Frau ein Kopftuch trage, z. B. Schutzbedürfnis oder auch Druck durch die Familie. Es werde aber der Realität nicht gerecht, wenn aus dem Tragen des Kopftuchs ein generelles Problem gemacht und es grundsätzlich unter den Verdacht der Unterdrückung gestellt werde. Um zu einer differenzierten Einschätzung der Position Gümüsays zu gelangen, die auch notwendig ist, um einen Leserkommentar zu verfassen (Aufgabe 3), wäre es wichtig, weitere Positionen zu lesen, auch von muslimischen Frauen, die sich gegen das Tragen des Kopftuchs entschieden haben oder das Kopftuch aus anderen Gründen tragen. In vielen Klassen sind muslimische Mitschülerinnen, die sich i. d. R. in der Pubertät für oder gegen das Tragen des Kopftuchs entscheiden. Bevor sie aber befragt werden, sollte die Lehrkraft erst sensibel eruieren, ob diese Mädchen über das Thema sprechen und danach gefragt werden möchten (Aufgabe 4).

Die fünfte Aufgabe bezieht sich auf die Karikatur auf Seite 76. Im Zusammenhang mit der Interpretation der Karikatur könnten zunächst die verschiedenen Arten von Verhüllungen besprochen werden. Zu unterscheiden ist zwischen Hidschab (Kopftuch), das i. d. R. Kopf, Hals und Ausschnitt bedeckt, und verschiedenen Formen der Ganzkörperverschleierung (Tschador, Nikab, Buschija oder Burka). Die Karikatur zeigt eine Frau mit Nikab, bei dem neben dem Körper auch das Gesicht überwiegend bedeckt wird. Dieser wird überwiegend auf der arabischen Halbinsel getragen und ist in Deutschland eher selten zu finden. Die beiden Männer tragen ebenfalls eine Kopfbedeckung, die möglicherweise erklärungsbedürftig sein könnte. „Verhüllung" ist hier doppeldeutig zu verstehen: die Verhüllung als religiös motivierte Kleidung und im Sinne von „nicht ansprechen, verschweigen, unter den Tisch kehren" von vielleicht schwierigen bzw. kontroversen Themen. Möglich ist an dieser Stelle der Einsatz von ZM 9.

Wie gehen wir miteinander um? – zu Doppelseite 78/79

In Zusammenhang mit Aufgabe 1 könnte es passieren, dass einzelne SuS darauf hinweisen, dass die Darstellung Muhammads im Islam verboten sei. Es gilt allerdings kein generelles Bilderverbot und es hat immer auch Bilder im Islam gegeben. So ist auch Muhammad immer wieder gezeichnet worden. Vor allem in Werken aus Persien und Zentralasien finden sich etliche Abbildungen des Propheten (vgl. hierzu https://www.spiegel.de/politik/ausland/islam-mohammed-bilder-sind-im-koran-nicht-verboten-a-1014492.html, 27.11.2019). Es fällt auf, dass Jesus und Muhammad ganz ähnlich dargestellt sind. Beide haben einen Heiligenschein. Ohne die Erklärung wäre nicht klar, um welche beiden Männer es sich hier handelt und auch nicht, wer welcher sein könnte. Der Esel könnte allerdings an den Einzug Jesu in Jerusalem erinnern (Mk 11,1–10 parr.). Dass Muhammad etwas hinterherreitet, könnte entweder bedeuten, dass er Jesus folgt, dass er ihm untergeordnet ist oder dass er den Abschluss bildet, was wohl die wahrscheinlichste Auslegung ist. Aus muslimischer Sicht ist Jesus ein wichtiger Prophet, aber der zentrale und letzte Prophet ist Muhammad.

In Aufgabe 2 werden die Erfahrungen von David und Henrike thematisiert. Berichtet wird von beiden, dass sie in bestimmten Situationen, die auf ihre Religion bezogen sind, geschwiegen haben, was für viele SuS vermutlich gut nachvollziehbar ist. Die Themen Religion bzw. Glaube werden von vielen als sehr persönlich empfunden. Etwas davon preiszugeben, ist wahrscheinlich für viele SuS schwierig, zumal sie sich vielleicht nicht sicher sein können, wie ihre Mitschüler*innen das aufnehmen. Das Schweigen von David hat vermutlich weniger damit zu tun, dass er „keine Lust" hatte, über sein Fasten Auskunft zu geben, auch wenn er es so ausdrückt, sondern eher damit, dass er befürchtete, auf Unverständnis zu stoßen. Auch wollte er sich möglicherweise nicht gerne von den anderen unterscheiden und sich damit vielleicht zur Zielscheibe von Spott machen. Henrike fühlte sich angegriffen und sah darüber hinaus keinen Sinn darin, sich auf eine Diskussion über etwas einlassen, worum es ihr persönlich offenbar überhaupt nicht geht, also um die

Frage, ob eine Religion besser oder richtiger als die andere sei.
Der ehemalige Ratsvorsitzende der EKD und Neutestamentler Wolfang Huber betont einen wichtigen Aspekt, der auch im interreligiösen Dialog eine Rolle spielen sollte: Es gehe nicht darum, Unterschiede wegzureden, sondern darum, sich mit und trotz unterschiedlicher Überzeugungen zu respektieren. Entsprechend hätte Henrike auch Murat antworten können, wobei zu erahnen ist, dass Murat eine sehr verfestigte Position hat und möglicherweise zunächst nicht bereit sein wird, sich auf so ein Gespräch einzulassen (Aufgabe 3).
Im Unterricht könnte darüber gesprochen werden, wie bereichernd es sein kann, etwas übereinander zu erfahren. In den Bundesländern Bremen und Hamburg wird ein übergreifender Religionsunterricht für alle erteilt. Es könnte diskutiert werden, was für das eine und was für das andere Modell (den konfessionellen Unterricht) sprechen könnte (Aufgaben 2 und 3).
Aufgabe 4 fokussiert erneut den Aspekt des Dialogs, indem nach Gemeinsamkeiten zwischen Christentum und Islam gefragt wird. Beim Vergleich von Muhammad und Jesus stößt man vermutlich zunächst eher auf Unterschiede als auf Gemeinsamkeiten. Als Gemeinsamkeiten ließen sich nennen, dass beide erst im mittleren Lebensalter ihre Beauftragung bzw. Berufung erhielten, wobei es im Neuen Testament dazu keine eindeutige Aussage gibt. Möglich als Berufungserlebnisse sind die Taufe Jesu durch Johannes (Mk 1,9–11 parr) oder Jesu Vision vom Satanssturz (Lk 10,18) (vgl. dazu https://www.bibelwissenschaft.de/wibilex/das-bibellexikon/lexikon/sachwort/anzeigen/details/berufung-nt/ch/09f76a976fb4845fb4e6ca5e36e5e029/). Muhammads Berufung fand nach islamischer Überlieferung durch den Erzengel Gabriel statt. Jesus und Muhammad stießen mit ihrer Lehre beide auf viel Kritik ihn ihrem Umfeld, das ist eine weitere Gemeinsamkeit (vgl. https://www.kaththeol.uni-muenchen.de/lehrstuehle/religionspaedagogik/neuerscheinungen/jesus_u_muhammad.pdf).
Bei der Bearbeitung der Aufgabe 5 könnte zunächst geprüft werden, welche Regeln/Paragraphen sich grundsätzlich mit dem Umgang miteinander befassen. Dann ist zu überlegen, ob es nicht sinnvoller ist, allgemeiner gefasste Regeln zu entwickeln, also z. B. im Sinne von Übung von Toleranz allen gegenüber, unabhängig von ihrer Religion, ihrer Nationalität, ihres Geschlechtes etc.

Islam – zu Doppelseite 80/81

Die abschließende Doppelseite thematisiert noch einmal die Unterschiede und Gemeinsamkeiten von Religionszugehörigkeiten, die in einem gemeinsamen „Raum der Stille" zusammenkommen sollen. Mithilfe der gewonnenen Hintergrundinformationen können die SuS jetzt reflektieren, was ein interreligiöser Dialog ist und welche Anstrengungen von beiden (allen) Seiten dafür unternommen werden müssen. Lohnend ist hier der Einsatz von ZM 10.

Wiedergeben und beschreiben
Zum ersten Punkt: Die Ziffern 114, die der Rapper Ammar seinem Namen angehängt hat, stehen für die 114 Suren des Korans. Er begründet dies damit, dass ihm seine Religion wichtig ist und ihm auch schon in Krisen weitergeholfen hat. Vgl. http://www.deutsche-islam-konferenz.de/DIK/DE/Magazin/Lebenswelten/MuslimischerRAP/muslimischer-rap-node.html (12.12.2019).

Wahrnehmen und deuten
Zum ersten Punkt: Wie auch beim Kirchenbau gibt es beim Moscheebau eine Entwicklung und es werden Mittel moderner Architektur verwendet. Allerdings kommt diese Entwicklung beim Moscheebau erst allmählich in Gang, ganz im Gegensatz zum modernen Kirchenbau, wo diese Entwicklung viel früher ansetzte (mit der Weimarer Republik). Der Bau von Jasarevic ist von der Form sehr schlicht gehalten (ohne Kuppel und mit verkürztem Minarett) und weist große Glasflächen auf. Der moderne Moscheebau ist bislang in Deutschland allerdings noch eine Seltenheit. Eine weitere moderne Moschee befindet sich in Köln (DITIB Zentral-Moschee mit viel Beton und Glas). Jahrhundertelang hatte die traditionelle osmanische Bauweise das Bild europäischer Moscheen geprägt und tut es z.T. auch immer noch (vgl. dazu https://www.ndr.de/ndrkultur/sendungen/freitagsforum/Ueber-die-Architektur-von-Moscheen,rosbacharchitektur100.html, 27.11.2019).

Reflektieren und urteilen
Zum zweiten Punkt: Der Begriff „Mohammedaner" wird nicht mehr verwendet, weil das einerseits häufig abwertend gemeint war und weil andererseits dadurch der Eindruck erweckt wird, dass Muhammad im Glauben einen höheren Stellenwert als Gott habe.

Sich ausdrücken und kommunizieren
Der Vergleich von Passagen aus der Bergpredigt, einem zentralen Text für Christen, mit den fünf Säulen zeigt, dass es auch hier Gemeinsamkeiten, aber auch Unterschiede zwischen Islam und Christentum gibt. Jesus warnt hier vor einer Zurschaustellung der Frömmigkeit, was sich allerdings nur auf Auswüchse bezieht und davor bewahren will, auf den anderen hinabzusehen. Dieser Hintergrund ist wichtig, um zu verhindern, dass eine andere religiöse Praxis, wie z. B. die des Islams, verurteilt wird.

3 Übersicht: Zusatzmaterial

Übersicht: Zusatzmaterial

ZM 1	Halal oder haram?
ZM 2	Verändern prominente Muslime das Ansehen ihrer Religion?
ZM 3	Besuch einer Moschee
ZM 4	Die Heiligkeit des Korans
ZM 5	Glauben bekennen
ZM 6	Zeit für das Gebet
ZM 7	Warum ich abgebe
ZM 8	Fastenzeit
ZM 9	Warum ich (k)ein Kopftuch trage
ZM 10	Wie gehen wir miteinander um?

Halal oder haram?

Aufgaben
1. Ihr möchtet einen muslimischen Freund/eine muslimische Freundin zu euch nach Hause einladen und eure Eltern wissen nicht, was sie in Bezug auf das Essen beachten müssen. Erklärt es ihnen.
2. Recherchiert unter Einbeziehung des unteren Bildes, welche Hilfestellungen Muslime haben, um sich „halal" zu ernähren.

Verändern prominente Muslime das Ansehen ihrer Religion?

Aufgaben
1. Recherchiert im Internet, was der Salah-Effekt in Bezug auf die Akzeptanz des Islams bedeutet.
2. Führt eine Pro- und Kontra-Diskussion zu der Frage, ob prominente Muslime das Ansehen ihrer Religion verändern.
3. Stellt eine Liste mit muslimischen Prominenten zusammen und nennt in einer Tabelle, ob sie von Geburt an muslimisch oder ob sie konvertiert sind. Recherchiert die Gründe, falls sie konvertiert sind, und haltet diese fest.

Besuch einer Moschee

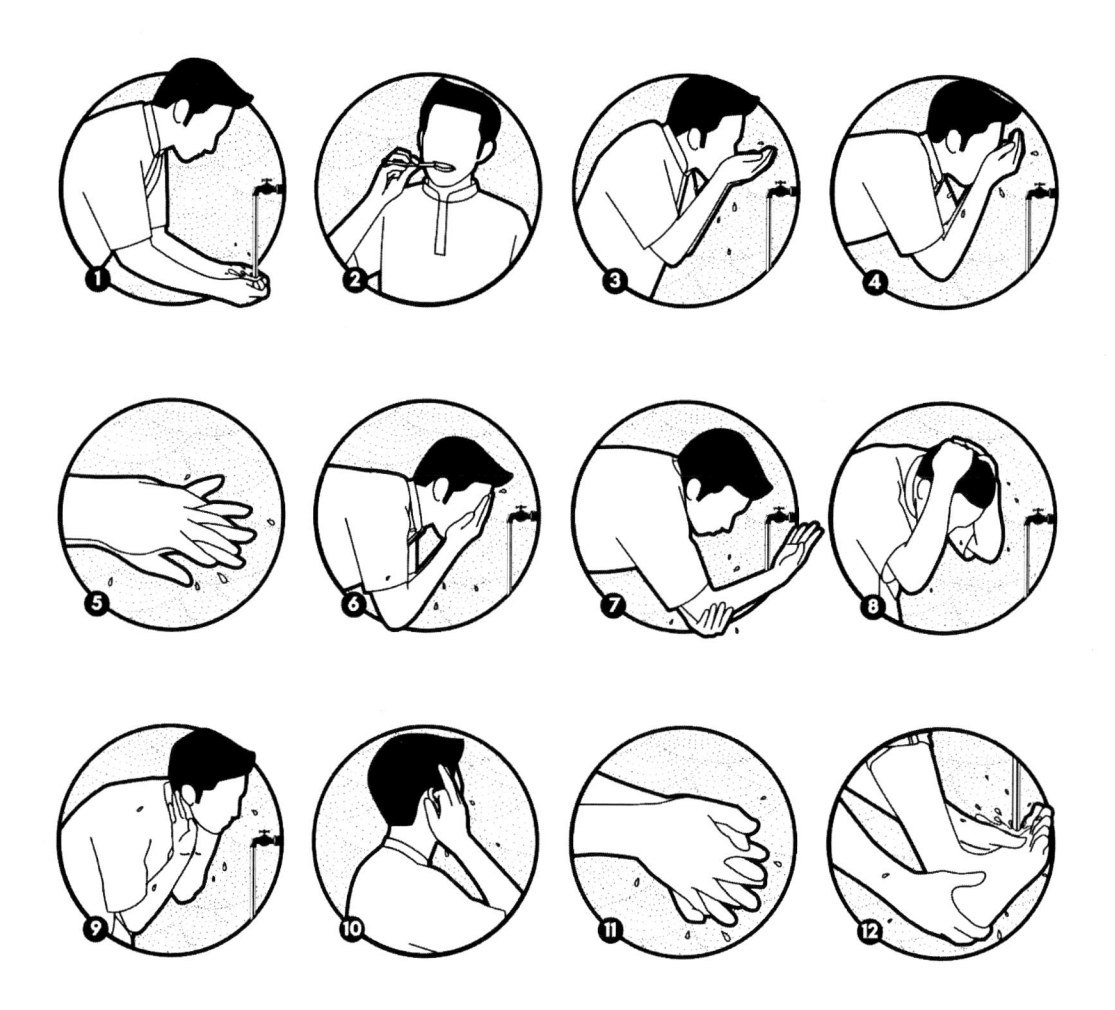

Aufgaben
1. Bevor Muslime eine Moschee zum Beten besuchen, vollziehen sie eine rituelle Waschung. Beschreibe anhand der Bilder, wie sie sich waschen sollen.
2. Erkläre den Unterschied zwischen einer rituellen Waschung und der normalen Körperreinigung.
3. Wenn du als Nicht-Muslimin eine Moschee besuchst, brauchst du zwar keine rituelle Waschung, solltest aber auch einiges beachten. Plant mit eurer Klasse den Besuch einer Moschee in eurer Nähe und überlegt, welches Verhalten bzw. welche Kleidung angemessen ist. Stellt im Anschluss eine Recherche dazu an.

Die Heiligkeit des Korans

Aus der Bedeutung des Korans als offenbartes Wort Gottes und aus seiner Entstehungsgeschichte lassen sich bestimmte Regeln für den Umgang mit ihm ableiten. Er sollte nur in einem Zustand ritueller Reinheit berührt werden: „Es ist ein vortrefflicher Koran, in einer wohlverwahrten Schrift, die nur von Reinen berührt wird" (Sure 56: 77–79). Für viele bedeutet dies, dass Nichtmuslime den Koran nicht berühren dürfen,
5 zumindest nicht in seiner arabischen Originalfassung. Übersetzungen hingegen können bedenkenlos von Nichtmuslimen in die Hand genommen werden.
Des Weiteren geziemt sich ein respektvoller Umgang mit dem Koran, der als offenbartes Wort Gottes beispielsweise nicht auf dem Boden liegen oder in der Badewanne gelesen werden soll. Manchmal wird der „respektvolle Umgang" bis ins kleinste Detail durchdacht bis hin zur Position im Regal oder der Ausrichtung
10 beim Lesen.

Aufgaben
1. Was ist euch heilig? Diskutiert über diese Frage in Kleingruppen. Beschreibt euch gegenseitig, wie ihr mit etwas umgeht, das euch heilig ist.
2. Dass der Koran Muslimen heilig ist, wird auch dadurch zum Ausdruck gebracht, wie er gestaltet und behandelt wird. Erklärt das anhand der Abbildung und des Textes etwas näher.

Glauben bekennen

Das Apostolische Glaubensbekenntnis

Ich glaube an Gott, den Vater,
den Allmächtigen,
den Schöpfer des Himmels und der Erde.

Und an Jesus Christus,
5 seinen eingeborenen Sohn, unsern Herrn,
empfangen durch den Heiligen Geist,
geboren von der Jungfrau Maria,
gelitten unter Pontius Pilatus,
gekreuzigt, gestorben und begraben,
10 hinabgestiegen in das Reich des Todes,
am dritten Tage auferstanden von den Toten,
aufgefahren in den Himmel;
er sitzt zur Rechten Gottes,
des allmächtigen Vaters;
15 von dort wird er kommen,
zu richten die Lebenden und die Toten.

Ich glaube an den Heiligen Geist,
die heilige christliche Kirche,
Gemeinschaft der Heiligen,
20 Vergebung der Sünden,
Auferstehung der Toten
und das ewige Leben.

Amen.

Aufgaben
1. Vergleiche das Apostolische Glaubensbekenntnis mit dem Glaubensbekenntnis der Muslime (Seite 69 in deinem Schulbuch) und benenne Gemeinsamkeiten und Unterschiede.
2. Von manchen Christ*innen wird das Apostolische Glaubensbekenntnis als nicht mehr zeitgemäß angesehen und in einigen Gemeinden durch ein „Glaubensbekenntnis unserer Zeit" ersetzt. Diskutiert in Gruppen, ob ihr das richtig findet, und überlegt, welche Formulierungen für euch wichtig wären.

Zeit für das Gebet

Aufgabe
Was verraten die Bilder dir über das muslimische Gebet? Versuche eine Beschreibung. Beziehe auch die Informationen im Schulbuch mit ein.

Warum ich abgebe

Zakāt

Arab.: „Reinigung, Lauterkeit, Zuwachs", islamische Almosenabgabe, bzw. -steuer, vermögensreinigende Abgabe, Bedürftigensteuer
Hierunter versteht man die jährlich anfallende soziale und religiöse Pflichtabgabe vom eigenen Vermögen von bis zu 2,5 %. Sie ist eine der fünf Säulen des Islams. Im Koran (Sure 9,60) ist die Almosenabgabe genau
5 geregelt. Sie soll z. B. für Arme, Bedürftige, Schuldner oder Sklaven verwendet werden, die sich selbst freikaufen möchten. Die Pflichtabgabe soll der sozialen Gerechtigkeit dienen. Richtig angewandt, soll sie durch gerechte Umverteilung des Vermögens von Reichen auf Bedürftige als Schutz gegen Ausbeutung dienen. Sie erinnert den Gläubigen daran, dass sein Leben nicht durch Habgier oder Gewinnstreben bestimmt sein soll, sondern durch Dienst (ibada) an Gott. Damit wird auch der Glaube ausgedrückt, dass Gott der
10 eigentliche Eigentümer allen Besitzes ist, und der Mensch dies nur treuhänderisch verwaltet.
Zakāt geben ist somit auch ein Ausdruck des Glaubens an Gott und seine Hoheit über alles Weltliche.
Wer sich nicht beteiligt, der begeht Diebstahl im religiösen Sinne. Auch Muslime in Deutschland beteiligen sich daher an der Zakāt-Abgabe, vor allem durch Spenden an Hilfsorganisationen, Institutionen oder Privatpersonen. In Deutschland, wie auch in den meisten islamischen Ländern, ist Zakāt eine bewusste
15 Entscheidung, die niemand kontrolliert. Einige wenige Länder sammeln jedoch Zakāt über Institutionen ein: z. B. Saudi-Arabien, Malaysia, Pakistan.
Eine Sonderform des Zakāt ist „Zakāt al-fitr", die Spende während des Fastenbrechens am Ende des Monats Ramadan.

Aufgaben
1. Erkläre unter Einbeziehung des Bildes und des Textes die Bedeutung der Zakāt.
2. Rechne aus, wie viel von deinem Taschengeld (auf das Jahr gesehen) du abgeben müsstest, wenn du die Zakāt entrichten müsstest. Würde es dir schwerfallen, einen Teil deines Geldes an Bedürftige abzugeben? Beziehe Stellung.

Fastenzeit

Aufgaben
1. Erläutere, in welcher Beziehung das Bild der essenden Menschen zum Monat Ramadan steht.
2. Nenne Gründe, aus denen Menschen fasten.
3. Erkläre, welche Motivation hinter dem Fasten im Monat Ramadan steht.
4. Diskutiert in Kleingruppen, auf was ihr schwer verzichten könntet.

Warum ich (k)ein Kopftuch trage

Wenn ich als Muslima heute in Deutschland lebe und mich frage, ob ich das Kopftuch tragen soll oder nicht, stellt sich die Frage, ob die in Koran 33:59 geforderte zusätzliche Verschleierung des Kopfes
5 noch ihren ursprünglichen Zweck erfüllt, nämlich die Frauen vor den Begehrlichkeiten der Männer zu schützen? Meine Antwort darauf lautet: Nein. Im Deutschland der Gegenwart erfüllt die Verschleierung den ursprünglichen Zweck des Schutzes nicht
10 mehr. Sie sorgt sogar eher für das Gegenteil dessen, was Gott beabsichtigt hat, indem sie ihre Trägerin Nachteilen, etwa durch Diskriminierungen, aussetzt. Statt des Schleiers im Zusammenhang mit den damaligen Gesellschaftsregeln wird der inten-
15 dierte Schutz vor „Belästigungen" heute durch ein funktionierendes Rechtssystem gewährt.

Lamya Kaddor, Islamwissenschaftlerin

Aufgaben
1. Warum trägt Kübra Gümüsay ein Kopftuch (Schulbuch, Seite 77), die hier abgebildete Lamya Kaddor jedoch keins? Plant eine Podiumsdiskussion, in der die beiden und andere zu Wort kommen können.
2. Recherchiert, welche Arten der Kopfbedeckung es im Islam und welche es in anderen Religionen gibt. Bezieht die beiden oberen Bilder mit ein. Haltet eure Ergebnisse in einer Gegenüberstellung fest.
3. Erläutere aus deiner Sicht, was durch das Bild der Muslima mit dem Smartphone zum Ausdruck gebracht wird.

Wie gehen wir miteinander um?

Aus dem Positionspapier der EKD zum Dialog

Die Evangelische Kirche in Deutschland sucht und fördert den Dialog mit Menschen muslimischen Glaubens. Sie ist davon überzeugt, dass nur durch Begegnung und Kontakt das friedliche Miteinander unterschiedlicher Glaubensüberzeugungen Gestalt gewinnen kann. Darüber hinaus kann die Möglichkeit nicht ausgeschlossen werden, dass Gott auch von außerhalb der Kirche zu Menschen spricht. Die Bibel nennt viele Beispiele, wie
5 sich im Nächsten, im Anderen und im Fremden Gott den Menschen zeigt. Weil Gott „das Wort von der Versöhnung" in Jesus Christus aufgerichtet hat (2. Kor. 5,19), setzt sie sich auch im Dialog mit Andersglaubenden in Wort und Tat für Versöhnung ein. So gehört der interreligiöse Dialog zutiefst zum Wesen der Kirche.

Aufgaben
1. Erklärt, was interreligiöser Dialog bedeutet und warum dieser wichtig ist.
2. Entwickelt vor dem Hintergrund der in diesem Kapitel erworbenen Kenntnisse Vorschläge, wie ein gutes Miteinander von Muslimen und Christen bzw. Angehörigen aller Religionen gelingen kann.

Ich und meine Wünsche (Seite 82–101)

Einen Moment noch …

Das Kapitel lädt ein zur inhaltlichen Auseinandersetzung mit dem Thema „Ich und meine Wünsche", wobei folgende Themen relevant werden: Visionen für eine bessere Welt, Vorbilder entdecken und kritisch beurteilen, Personen wie Martin Luther King, Dian Fossey und Käthe Kollwitz kennenlernen, Menschsein als soziales Wesen, lebensdienliche Einflüsse, Gründe für Süchte und Hilfsangebote für Suchtkranke sowie biblische Bücher, insbesondere Propheten mit deren Sehnsucht nach einer besseren Welt.

Das Kapitel setzt schülerorientiert an, da eigene Wünsche, Träume und Bedürfnisse genannt werden können. Ausgehend von ihren eigenen Bedürfnissen und Wünschen können die SuS erkennen und erarbeiten, dass möglicherweise die eigenen Wünsche mit den Wünschen anderer übereinstimmen, aber auch kollidieren können. Daher sind auch die zu beachtenden Regeln für ein gelingendes Miteinander wichtig. Zudem erarbeiten die SuS, dass Menschen mit Visionen und Träumen viel bewirkt haben, weil sie sich nicht von ihren Zielen haben abbringen lassen und Widerstände nicht nur als Chancen, sondern als Herausforderungen gesehen haben. Zugleich erwerben die SuS die Kompetenz, diese Menschen bzw. deren Vorbildfunktion zu beurteilen und auch an sich zu arbeiten, damit eigene Träume und Visionen nicht nur selbstbezogen, sondern gesellschaftsbezogen verfolgt werden.

Religionspädagogisch ist interessant, wie sich SuS im Leben orientieren und welchen Werten sie nachgehen und wie sich ihre individuelle Persönlichkeitsentwicklung vollzieht. Dabei ist die „Lebensphase Jugend […] durch die lebensgeschichtlich erstmalige Chance gekennzeichnet, eine Ich-Identität zu entwickeln. Diese Ich-Identität entsteht aus dem Austarieren von persönlicher Individuation und sozialer Integration, die in einem spannungsreichen Verhältnis zueinander stehen" (Hurrelmann, 93). In dieser Lebensphase kommt eine Schlüsselstellung der Bewältigung von Entwicklungsaufgaben zu – laut Klaus Hurrelmann und Gudrun Quenzel u. a. „bilden und qualifizieren", „ablösen und neu binden", „konsumieren" und „Wertorientierung und Partizipation" (Hurrelmann/Quenzer) –, damit von sozialer Integration, unter Stärkung der notwendigen Individuation, gesprochen werden kann. Den genannten Entwicklungsaufgaben scheinen die Jugendlichen gerecht zu werden: So weisen die Befunde der 17. Shell-Jugendstudie aus dem Jahr 2015 darauf hin, dass Jugendliche nicht mehr die Generation mit einer fragenden Haltung („why?"), die sogenannte „Generation Y", darstellen, sondern als „produktive Realitätsverarbeiter" mittlerweile selbstbewusster und „relaxter" (als „Generation R") mit sich und den Gegebenheiten umgehen können, ihre Verarbeitungsstrategien pragmatisch entwickeln und verändern und so ihre eigene Lebensgeschichte konstruieren können. Diese Aspekte werden im Kapitel aufgegriffen, da Jugendliche nicht nur die Aufgaben zur eigenen Persönlichkeitsentwicklung (persönliche Visionen, Träume, Vorbilder, Abhängigkeiten, Süchte) bearbeiten, sondern auch ihren Anteil an sozialer Teilnahme und Integration (lebensdienliche Einflüsse, politische Faktoren, Visionen einer besseren Welt) erkennen und reflektieren. Ein neuer Trend ist laut der Shell-Studie auch in der Werteentwicklung bei Jugendlichen zu erkennen, denn verstärkt ist die Fähigkeit zur Entwicklung eines individuellen Werte- und Normsystems und zur politischen Partizipation ausgebildet. Als besonders wichtige Werte gelten Respekt (gegenüber Kultur und eigener Tradition), Anerkennung (der Vielfalt der Menschen) und Bewusstheit (für Umwelt und Gesundheit). Materielle Dinge wie Macht oder ein hoher Lebensstandard haben eher an Bedeutung verloren. Ebenso wie religiöse Traditionen, dafür stehen jedoch Werte wie Partnerschaft, Freundschaft, Familie häufig an erster Stelle (vgl. Shellstudie).

Theologisch ist es wichtig, dass die SuS erkennen, dass christliche Prinzipien wie Nächstenliebe und diakonisches Handeln den eigenen Wünschen und dem eigenen Handeln einen Rahmen und Orientierung geben können, damit man nicht nur auf sich bezogen und empathielos agiert, sondern welt- und menschenbezogen offen ist und auch religiöse Werte integriert werden können. Diese Fähigkeit der Lebensphase Jugend – die Herausbildung von tragenden, z. B. auch religiösen Werten durch die Verbindung von individueller Persönlichkeitsentwicklung und sozialer Integration,– möchte das Kapitel fördern.

Zunächst können die SuS mithilfe des Kapitels darüber nachdenken, was sie sich wünschen, indem sie formulieren, wovon sie träumen. Anschließend wird erarbeitet, welche Träume Martin Luther King hatte und die SuS können erkennen, dass einige Wünsche bereits erfüllt wurden (Rassentrennung in vielen Ländern aufgehoben), andere Träume noch offen sind (Gerechtigkeit auf der Welt). Im weiteren Verlauf des Kapitels erarbeiten die SuS, wie sie ihr Leben gestalten möchten und ob sie bestimmten Aktivitäten (Sport, Beruf, Umweltschutz …) bzw. Vorbildern etwas abgewinnen können. Immer wieder werden die SuS in dem Kapitel auf der Metaebene aufgefordert, über die Visionen anderer Menschen nachzudenken, z. B. Dietrich Bonhoeffer, dem es wichtig war, bis zum Tod für seine Prinzipien einzustehen, dabei aber auch innerlich verzagt und fragend und unsicher war („Wer bin ich?"). So nehmen die SuS Einblick in das Innenleben dieser Personen und deren Unsicherheiten, wobei den SuS aber bewusst wird, dass sich diese Personen nicht aufhielten ließen, weil sie eine starke Vision bzw. einen starken Glauben hatten. Davon können SuS eigene Visionen ableiten bzw. sich hinterfragen, welchen Träumen und Visionen sie ggf. anhängen oder nachjagen möchten. Die SuS können sich auch mit dem Leben vermeintlicher Vorbilder auseinandersetzen (Internet-Influencer oder Dian Fossey), indem sie bei deren Handeln kritisch ansetzen.

Ein Großteil des Kapitels widmet sich dem Thema Wünsche, Sehnsüchte, Träume und eigene Süchte bzw. Abhängigkeiten. Dabei lernen die SuS verschiedene Gründen von Süchten kennen und erarbeiten mehrere Hilfsmöglichkeiten, um diesen Süchten oder Abhängigkeiten entgegenwirken zu können. Die biblischen bzw. christlichen Perspektiven runden das Kapitel ab. Hier können die SuS Impulse für den Umgang mit Wünschen und Träumen sowie einen Deutungs- und Orientierungsrahmen erhalten.

Zum Weiterlesen

- *Bründel, Heidrun:* Schülersein heute. Herausforderungen für Lehrer und Eltern, Stuttgart 2014

- *Dieterich, Veit-Jakobus:* Dietrich Bonhoeffer. Ein Materialheft für die Oberstufe (Materialheft); Stuttgart 2006

- *Grethlein, Christian:* Familie als grundlegender Kommunikationsraum, in: Ders., Praktische Theologie, Berlin/Boston 2012, S. 335–356

- *Hurrelmann, Klaus:* Jugendliche als produktive Realitätsverarbeiter: Zur Neuausgabe des Buches „Lebensphase Jugend", in: Diskurs Kindheits- und Jugendforschung Heft 1 (2012), S. 89–100

- *Hurrelmann, Klaus/Gudrun Quenzel:* Lebensphase Jugend. Eine Einführung in die sozialwissenschaftliche Jugendforschung, Weinheim/Basel 2013, 12. Auflage

- *Pfister, Stefanie:* Ich gegen mich!? Kopiervorlagen zum Thema Selbstverletzung, Selbstbewusstsein, Identität, Göttingen 2009

- *Schweitzer, Friedrich:* Lebensgeschichte und Religion. Religiöse Entwicklung und Erziehung im Kindes- und Jugendalter, Gütersloh 1999, 4. Auflage

- https://www.shell.de/ueber-uns/die-shell-jugendstudie/werte-der-jugend.html (letzter Zugriff: 02.01.2020)

Didaktischer Kommentar

In Beziehung – zu Doppelseite 82/83

Die Auftaktdoppelseite beginnt mit verschiedenen Bildern, die mögliche Wünsche von SuS darstellen:

- ein guter und sorgenfreier Zusammenhalt in der Familie,
- Tierwünsche wie Hund, Pferd und Katze,
- Freiheits- und Unabhängigkeitsgefühl auf dem Pferdebild,
- ein möglicher Beruf, der angestrebt wird, wie Tierärztin oder Polizist,
- materielle Wünsche wie ein neues Handy
- oder der Wunsch nach sozialen Kontakten.

Hier können die SuS zunächst beschreiben, was sie sehen, z. B. dass das Ich im Kontext der Familie zu finden ist, aber zugleich auch, dass ein Ich, wenn es keine glückliche Familie hat, sich in der Welt verorten muss und kann. So muss sich z. B. auch ein Kind, welches als Flüchtling unbegleitet nach Deutschland eingereist ist, im sozialen Gefüge verorten können.

Hier können die SuS auch eigene Wünsche äußern, was sie sich vom Leben wünschen, was sie sich erhoffen, was sie erwarten oder auch welche Ziele sie im Leben haben. Zudem können sie auch Vermutungen darüber anstellen, was sie in diesem Kapitel erwartet. Das Bildmaterial der Einstiegsseite kann insofern eigene Erfahrungen und Wünsche mit Familienmitgliedern und Freunden wachrufen, aber auch die Empathie schulen, sich mit den Erwartungen anderer auseinanderzusetzen.

Auf der rechten Seite wird das Kapitel inhaltlich (Wunschträume, Visionen für eine bessere Welt, Martin Luther King, Dian Fossey, Käthe Kollwitz, Menschsein als soziales Wesen, lebensdienliche Einflüsse, Gründe für Suchtkrankheiten, Hilfsangebote für Suchtkranke, biblische Bücher wie Propheten, die eine bessere Welt visionieren) vorgestellt sowie an die schon erarbeiteten Inhalte der sechsten Klasse erinnert, z. B. das „Reich Gottes" und die Hoffnungen der Juden, sodass die SuS wissen, woran sie anknüpfen können.

Die Methoden dieses Kapitels werden zur Transparenz ebenso kurz vorgestellt: ein Kugellagergespräch führen und eine Mindmap erstellen.

Die Lehrkraft kann nach dem Einstieg mit den Bildern die SuS befragen, wie sich das „Ich" wohl jeweils in den verschiedenen Kontexten fühlen und welche Wünsche es haben könnte und damit zur ersten Doppelseite hinführen. Zudem kann sie den SuS auch die Aufgabe erteilen, zur nächsten Unterrichtsstunde eine „Wunschlandschaft" des eigenen Ichs in verschiedenen Kontexten zu erstellen. Das ZM 1 „Ich und meine Wünsche" kann hier hilfreich sein.

Wovon träumst du? – zu Doppelseite 84/85

Der Einstieg in die Doppelseite geschieht mithilfe einer geschilderten Ausgangssituation über das Mädchen Sophia, welches sich für eine Konfirmationsrede vorbereiten möchte. Die Sorgen und Fragen zur Vorbereitung dieser Rede können die SuS sicherlich gut nachvollziehen, sodass sie motiviert sind, die entsprechende Stichwortliste mithilfe der Ideen und Bilder auf der Auftaktdoppelseite zu schreiben. Möglichkeiten der Stichwortliste können sein:

- berufliche Möglichkeiten und Wünsche,
- Geld verdienen können,
- eine Familie aufbauen,
- in Freiheit und Frieden leben,
- gesund sein,
- erfolgreich sein,
- Freunde haben,
- Frieden auf der Welt,
- Naturschutz.

Grenzen können aber auch deutlich werden:

- Trotz propagierter Bildungsgerechtigkeit ist Bildung nicht für jeden gleichermaßen möglich und offen.
- Armut kann daran hindern, erfolgreich und beliebt zu sein oder sich wohl zu fühlen.
- Manche Lebenssituationen oder Schicksalsschläge verhindern, die eigenen Wünsche des Lebens zu erreichen oder auszuleben.
- Umweltschutz ist so schwierig zu erreichen, dass man sich fragt, ob sich das überhaupt lohnt.

Beim Auswertungsgespräch über die Stichwortlisten können die SuS erarbeiten, dass sie abwägen müssen zwischen eher unrealistischen Träumen (z. B. nie mehr zur Schule zu müssen und immer frei zu haben) und realistischen Wünschen (Sehnsucht nach Freunden).

Die Lehrkraft kann auch folgende Impulse setzen:

- Welche Träume haben wohl andere Menschen?
- Wird dein Wunsch von Medien oder aus der Werbung beeinflusst?
- Gibt es Wünsche, die sich nicht nur mit dir, sondern mit der Welt als Gesamtes befassen?
- Was könnte sich deine Familie wünschen?
- Was könnte sich dein Tischnachbar/deine Tischnachbarin wünschen?

Auf der rechten Seite lädt der Text „I have a dream" von Martin Luther King dazu ein, zunächst den Text auf Englisch, dann auf Deutsch zu lesen. Auch das gleichnamige Lied als Hörversion kann als Einstieg zu dem Text eingespielt werden.

In der ersten Aufgabe arbeiten die SuS heraus, was die Träume von Martin Luther King genau sind:

- Alle Menschen sind gleich und sollen gleich behandelt werden.
- Es soll keine Sklaverei mehr geben und Sklaven sollen zusammen mit ihren Herren sich brüderlich an einen Tisch setzen können.
- Selbst die ungerechtesten Städte oder Orte sollen Horte und Orte des Friedens und der Gerechtigkeit werden, sodass sich dort jeder frei fühlen kann.
- Die Kinder sollen nicht mehr nach ihrer Hautfarbe, sondern nach ihrem Charakter beurteilt werden.

Die zweite Aufgabe lädt dazu ein, sich mit der Geschichte der Bürgerrechtlerin Rosa Parks auseinanderzusetzen. Dabei können die SuS folgende Eckdaten erarbeiten:

- Rosa Louise Parks ist eine amerikanische Bürgerrechtlerin und 1913 in Alabama geboren.
- Als Afroamerikanerin war sie 1955 in Montgomery (Alabama) festgenommen worden, weil sie ihren Sitzplatz im Bus nicht für einen weißen Fahrgast freimachte.
- Daher war diese Situation der Auslöser für die „schwarze Bürgerrechtsbewegung", die sich gegen die Rassendiskriminierung einsetzte.
- „Jim-Crow" war die diffamierende Bezeichnung in den USA für eine Bühnenfigur eines singenden, stehlenden und insgesamt nicht ernst zu nehmenden Schwarzen, sodass dieser Begriff kritisch genutzt wurde, um die Rassendiskriminierung aufzuzeigen.
- Martin Luther King organisierte, um Rosa Parks in ihrem Anliegen zu unterstützen, den Montgomery Bus Boykott, der dazu führte, dass die Behörden die Rassentrennung in den Bussen aufhoben.
- Dennoch war dies ein langer Prozess und Martin Luther King und Rosa Parks wurden viel behelligt, bedroht und verfolgt.
- 2005 ist Rosa Parks gestorben.

Die dritte Aufgabe fordert dazu auf, dass die SuS anhand folgender Formulierungen erarbeiten, dass Martin Luther King als engagierter Christ Folgendes betonte:

- Alle Menschen sind gleich geschaffen,
- Brüderlichkeit wird betont,
- Oase der Freiheit und der Gerechtigkeit erinnern an das „Reich Gottes".

Hier kann zur Vertiefung das ZM 2 „I have a dream" eingesetzt werden.

Wie willst du dein Leben leben? – zu Doppelseite 86/87

Auf die Frage „Wie willst du dein Leben leben?" antworten auf der linken Seite vier junge Menschen mit ihren Träumen, z. B. Freizeit, guter Beruf, Sport und Umweltschutz. Auf der rechten Seite antworten zwei ältere Menschen, die von ihren früheren Träumen (drei Kinder bzw. Gesangsstudium) berichten. Dabei zeigt sich, dass man auch bei der Nicht-Erfüllung von Träumen dennoch ein erfülltes Leben haben kann: So betrachtet die Lehrerin ihre Schüler*innen wie ihre Kinder, weil sie keine eigenen Kinder hat. Es wird auch deutlich, dass sich das Leben unerwartet entwickelt und neue Träume entstehen können. Des Weiteren zeigt sich, dass man Träume sehr stringent verfolgen kann (Beispiel Gesangsstudium), dass man aber bereit sein muss, dafür viel zu opfern (sicheres Einkommen, Zeit, Energie). Jedes Leben ist individuell von Träumen und Hoffnungen, Erfüllungen oder Nicht-Erfüllungen bestimmt, sodass die SuS erarbeiten können, dass das persönliche Lebensglück nicht von der Erfüllung der Träume abhängt, sondern eher davon, wie man damit umgeht, dass sich Träume erfüllen oder nicht erfüllen.

Die erste Aufgabe lädt dazu ein, dass die SuS beschreiben, was ihnen wichtig ist und welche Folgen die jeweilige Position für das Zusammenleben von Menschen hat:

Noahs Position kann dazu führen, dass er nicht an Arbeit denkt und nur an sein persönliches Vergnügen und dass sich das Zusammenleben mit seiner Familie als schwierig erweisen kann, weil er nur an sich denkt.

Tatjanas Position kann dazu führen, dass sie nur an ihren Job und das Geldverdienen denkt, ohne empathisch mit anderen Menschen zu sein. Wenn dies alle tun würden, wäre die Welt sehr ichbezogen und ärmeren Menschen könnte nicht geholfen werden.

Jans Position könnte dazu führen, dass er sowohl den Sport als auch die Schulbildung konsequent verfolgen wird. Zudem scheint er sich auch in der Realität, im Alltag, also mit seinen Freunden, gut zu verstehen und sich für diese einzusetzen.

Hannas Position ist von Engagement bestimmt. Dies kann aber u. U. vielleicht auch dazu führen, dass sie andere Dinge außerhalb der Umweltschutz-Organisationen vernachlässigt (Familie, Schule etc.).

Bei der zweiten Aufgabe sollen die SuS ein eigenes Statement verfassen. Hier kann das ZM 3 „Wie will ich mein Leben führen?" eingesetzt werden.

In der dritten Aufgabe beschäftigen sich die SuS mit den Positionen der beiden älteren Personen, Frau Hallbauer und Herrn Gerstenmaier. Dabei können die SuS herausarbeiten, …

- dass das Nicht-Erreichen von Träumen nicht zu einem unglücklicheren Leben führen muss (Frau Hallbauer),
- dass das Erfüllen von Träumen nicht automatisch ein sorgloses Leben bedeuten muss (Herr Gerstenmaier),
- dass Träume sich verändern können (Frau Hallbauer),
- dass neue Dinge/Träume wichtig werden können, die man in jungen Jahren nie hatte (Frau Hallbauer),
- dass Träume zu verfolgen auch sehr anstrengend und langwierig sein kann und eines hohen Durchhaltevermögens bedarf (Herr Gerstenmaier),

- dass man den Glauben an seine Träume nicht verlieren darf, wenn man diese unbedingt erreichen will (Herr Gerstenmeier),
- dass man aber auch nicht unflexibel und verkrampft an Träumen hängen darf, weil man sonst ziemlich verloren und traurig ist, wenn diese nicht in Erfüllung gehen (Frau Hallbauer).

Die Methoden-Karte zum Kugellagergespräch kann besonders gut für die Aufgaben 1 und 2 eingesetzt werden.

Ich bin ich – oder etwa nicht? – zu Doppelseite 88/89

Der Einstieg in die Doppelseite geschieht mit der Abbildung einer Influencerin und den abgebildeten Fragen zu ihrem Leben, die von dieser Person nicht beantwortet wurden, wobei die SuS zunächst einmal eruieren können, wer diese Person sein könnte, was sie postet, was sie wohl likt, wofür sie tatsächlich arbeitet. Hier können eigene Erfahrungen mit YouTube oder anderen sozialen Netzwerken einfließen. Besonders interessant sind die Fragen, die von der Influencerin nicht beantwortet wurden. Hier können die SuS in einem Einstiegsgespräch vermuten, warum diese nicht beantwortet wurden, z. B.:
- Sie engagiert sich überhaupt nicht, sodass sie auf die Frage nicht antworten möchte.
- Sie wird von Werbeträgern permanent bezahlt, sodass sie deren Produkte markiert und likt.
- Sie bekommt unwahrscheinlich viel Geld für einen Post, sodass sie anderen das lieber nicht sagen möchte, weil sie dann ihren Status als „Mädchen von nebenan" verlieren würde.
- Sie muss für Daueraufträge von Firmen viele Posts erfolgen lassen etc.

Das Moment mal! lädt die SuS dazu ein, zu erkennen, dass Influencer vermutlich viel an Geld denken, welches zu erhalten bei berühmten Influencern in Erfüllung geht, dass dadurch aber oft das selbst „gebaute" Bild nicht mehr gegeben ist. Die zweite Abbildung lädt dazu ein, dass die SuS die Familien-Äußerungen lesen, ggf. nachvollziehen oder eigene Äußerungen benennen können.

Die erste Aufgabe fragt nach Einflussfaktoren auf die SuS, die diese erarbeiten können, z. B. Eltern, Peer-group, Werbung, soziale Netzwerke, Verwandte, Internet-Likes. Hier kann das ZM 4 „Influencer meines Lebens" eingesetzt werden.

In der zweiten Aufgabe sollen die SuS nun konkret erarbeiten, welche Strategien Firmen anwenden, die Werbung über Influencer betreiben. Hier können folgende Aspekte genannt werden:
- Posts und Likes werden in Verträgen verhandelt bzw. festgelegt,
- Produktplatzierung in Filmen (direkte oder indirekte),
- „Schleichwerbung" (werbender Charakter ist nicht zu erkennen),
- Produkte müssen gekennzeichnet bzw. markiert werden und dieser Post wird dann angesehen und weitergeleitet.

Die rechte Seite lädt zur Auseinandersetzung mit einem der wichtigsten evangelischen Theologen, der sich im Widerstand des Nationalsozialismus engagiert hat, ein. Zunächst sollten die SuS das Gedicht von ihm lesen. Dabei können sie herausarbeiten, wie innerlich zerrissen Bonhoeffer war und sie können vermuten, warum er z. B. im Gefängnis war. Die Lehrkraft kann dabei folgende Impulse setzen:
- Beachtet den Zeitkontext und überlegt, warum wohl ein evangelischer Theologe zu dieser Zeit im Gefängnis war.
- Wer sind die Bewacher?
- Wer würgt ihm an der Kehle? Welche Umstände? Welche Personen? Auf welche großen Dinge wartet er?
- Warum ist er bereit, Abschied zu nehmen und hat keine Hoffnung mehr?

Wenn die SuS die Eckdaten zu Bonhoeffers Leben (vgl. dritte Aufgabe) erarbeitet haben, können sie folgende Aspekte vertieft beschreiben:
- Würdet ihr Bonhoeffer als Schwächling bezeichnen?
- Wofür hat sich Bonhoeffer eingesetzt?
- Was war seine Hoffnung? Seine Träume? Sein Glauben? Denken? Seine Wünsche?

Die Recherche zu seinem Leben (dritte Aufgabe) sollte folgende Rahmendaten beinhalten:
- 1906 Geburt in Breslau,
- Bonhoeffer studierte Theologie,
- er engagierte sich ab 1933 als Privatdozent gegen die nationalsozialistische Judenverfolgung, gegen die Deutschen Christen und den Arierparagrafen (im Berufsbeamtengesetz),
- er leitete das Predigerseminar der Bekennenden Kirche (Widerstandsorganisation) in Finkenwalde, welches bis 1940 illegal bestand,
- 1940 erhielt er Redeverbot,
- ab 1941 erhielt er Schreibverbot,
- im April 1943 wurde er verhaftet,
- ein Zusammenhang mit dem Attentat auf Hitler (am 20.07.1944) wird nachgewiesen.
- Bonhoeffer ist am 09.04.1944 – kurz vor Kriegsende – im KZ Flossenbürg gestorben.

In der vierten Aufgabe beschäftigen sich die SuS mit der Frage Bonhoeffers „Wer bin ich?", wobei die SuS ihm z. B. in Form eines Briefes/einer E-Mail oder eines Gedichtes/Bildes antworten könnten. Hier ist von der Lehrkraft darauf zu achten, dass es nicht zu oberflächlichen Antworten kommt, sondern dass deutlich wird, dass Bonhoeffer so sehr innerlich zerrissen war, weil er sich bis zum Tode gegen den Nationalsozialismus eingesetzt hat, ohne dass er noch miterleben durfte, dass sein Leiden und seine Träume einen Sinn hatten.

Dian Fossey – ein Vorbild? – zu Doppelseite 90/91

Thematisch beschäftigt sich die Doppelseite mit der Tierbeobachterin und -schützerin Dian Fossey, die sich über viele Jahre in Afrika für die Berggorillas einsetzt, indem sie sie erforscht, vor Wilderern beschützt und teilweise mit ihnen lebt.

In der ersten Aufgabe sollen die SuS den Bericht von Rolf-Bernhard Essig Abschnitt für Abschnitt zusammenfassen. Folgende Ergebnisse könnten die SuS herausarbeiten:

1. kursiv gedruckter Abschnitt als Abstract: Dian Fossey (1932–1985) lebt unter lebensgefährlichen Umständen mit Berggorialls in Afrika zusammen, erntet sowohl Kritik und Anerkennung.
2. Zeile 1–17: Dian reist das 1. Mal nach Afrika und verliebt sich in die majestätischen, menschenähnlichen Gorillas.
3. Zeile 18–29: Da Gorillas durch Wilderer bedroht werden, die das Fleisch bzw. die Gliedmaßen verkaufen oder weiterverarbeiten lassen, überzeugt Dian den Anthropologen Louis Leakey, eine Berggorilla-Forschung zu finanzieren. Dafür verzichtet sie auch auf Gehalt.
4. Zeile 30–36: Über viele Jahre lang beobachtet Dian die Gorillas, indem sie mit ihnen lebt, ihr Verhalten nachahmt und deren Vertrauen gewinnt. Der Bestand sinkt jedoch weiter rapide.
5. Zeile 37–50: Dian stellt Mitarbeiter ein, damit die Gorillas verstärkt beschützt werden. Sie jagt den Wilderern Angst ein, weil sie sich als Hexe ausgibt und übergibt die Wilderer den Behörden. Zudem fordert sie härtere Strafen für diese.
6. Zeile 51–61: Dian wird 1985 hinterrücks in ihrer Hütte ermordet aufgefunden. Man konnte nicht eruieren, wer der Mörder war.

Die SuS können in der zweiten Aufgabe weitere Rahmendaten von Dian Fossey erarbeiten:
- 1932 in San Francisco geboren,
- gelernte Ergotherapeutin,
- 1963 fand ihre erste Reise nach Osafrika zur Ausgrabungsstätte von Louis Leakeys (in der Olduvai-Schlucht) statt,
- sie wurde später Zoologin und Verhaltensforscherin,
- sie lebte mit den Gorillas zusammen, gab ihnen Namen, gewann ihr Vertrauen, engagierte Parkwächter, zählte die Gorillas,
- 1974 reichte sie ihre Forschungen als Doktorarbeit an der Cambridge University ein, diese wurde jedoch nicht als Dissertation anerkannt,
- 1980 jedoch erhielt sie die Ehrendoktorwürde.
- Von den Einheimischen wurde sie „Nyirmachabelli" genannt, das heißt „die Frau, die einsam im Wald lebt" (Hinweis auf den Grabstein, rechte Seite),
- 1985 wurde sie tot aufgefunden,
- sie wurde auf einem Gorillafriedhof beigesetzt, wie sie es sich gewünscht hatte.
- 1988 wurde der Film „Gorillas im Nebel" über sie gedreht.

In der dritten Aufgabe sollen die SuS beurteilen, inwiefern Dian Fossey eine Heldin oder ein Vorbild sein kann. Hier können die SuS als Argumente nennen, dass sie sich trotz aller Widrigkeiten für die Tiere bis zum Tod einsetzte, dass sie vor nichts zurückschreckte und sich ihrer Sache und Aufgabe so sicher war, dass sie unerschütterlich gegen Wilderer, Politik, veruntreute Gelder und Korruption kämpfte, um alleine ihrem Anliegen gerecht zu werden.

Anschließend können die SuS in der vierten Aufgabe darlegen und beurteilen, ob sie die harten Strafen, die Wilderer erhalten, gerecht finden. Hier können sie argumentieren, dass ein Menschenleben zwar nicht mit einem Tierleben verglichen werden darf (Argument gegen die harten Strafen), aber sie können auch argumentieren, dass auch Tiere Schutz und Leben verdient haben, da sie zu Gottes Schöpfung gehören und dass man Tiere auch nicht töten darf (Argumente für die harten Strafen).

Die abschließende Aufgabe ermöglicht den SuS, sich mit den eigenen Vorbildern auseinanderzusetzen, diese zu beschreiben, deren positive und negative Wirkungen zu erarbeiten. Das ZM 5 „Hilfe – Kann ich meinem Vorbild trauen?" kann hier hilfreich eingesetzt werden.

Das Moment mal! kann zu einer tierethischen Debatte führen, ob z.B. das Leben eines Tieres mehr wert ist als das eines Menschen.

Wovon mache ich mich abhängig? – zu Doppelseite 92/93

Die linke Seite lädt zunächst mit der Abbildung von sechs Jugendlichen, die sich alle mit sozialen Netzwerken bzw. der Tätigkeit an einem Handy oder Laptop oder Tablet beschäftigen, dazu ein, über die eigenen Internettätigkeiten zu sprechen. Das Moment mal! stellt auch die wichtige Frage danach, ob man sich nicht selber zum Außenseiter macht, wenn man keine Medien nutzt und daher in keinem sozialen Netzwerk ist.

Die erste Aufgabe animiert dazu, dass die SuS mithilfe der Anzeige einer fiktiven Fahrschule auf die Teilnahmevoraussetzung – Bereitschaft, 90 Minuten auf das Handy bzw. Smartphone zu verzichten – eingehen. Dabei können sie begründen, dass die Fahrschulbetreiber möglicherweise folgende Gründe für ihre Anzeige angeben:
- Jugendliche können sich nicht mehr lange konzentrieren.
- Sie schalten nie ihr Handy ab, auch nicht beim Fahren, es muss immer in der Nähe liegen.
- Jugendliche greifen nach der Fahrt sofort zum Handy.
- Jugendliche Fahrer sind oft in Unfälle verwickelt bzw. dafür verantwortlich, welche auf unerlaubte Handynutzung zurückgehen.

In der zweiten Aufgabe beschäftigen sich die SuS mit versteckten Sehnsüchten, die hinter einer Sucht stehen könnten, z. B.:
- Sehnsucht nach Anerkennung in einer Gruppe,
- Sehnsucht nach Liebe, die man in der Familie nicht erhält,
- Sehnsucht nach „Freunden", da man sich alleine fühlt,
- Sehnsucht danach, dass man immer informiert ist, dass man immer auf dem neuesten Stand sein möchte,
- Sehnsucht nach „ausgefüllt sein", weil das eigene Leben leer erscheint.

Die dritte Aufgabe lädt zu dem Selbstversuch ein, ohne Handy 90 Minuten im Freizeitbereich zu verbringen. Dieser Selbstversuch kann gemeinsam in der Gruppe ausgewertet werden. Hier kann das ZM 6 „Selbsttest – Bin ich handysüchtig?" eingesetzt werden.

Die vierte Aufgabe lässt die SuS individuell formulieren, was sie unter einer Sucht verstehen. Anschließend kann die eigene Definition mit der Definition auf Seite 95 verglichen und ggf. überarbeitet werden.

Die fünfte Aufgabe bezieht sich auf das Foto, wobei die SuS die Aktivitäten der abgebildeten Jugendlichen aufzählen sollen: z. B. Internetnutzung, Twitter, Musik, Kameranutzung bzw. Fotobearbeitung, Telefonieren bzw. Whattsappen und Kommunikation, YouTube im Internet. Die Frage nach der Bewertung, ob dies eine stoffungebundene Sucht darstellt, sollte sich darauf beziehen, dass diese Personen nachweisen sollten, dass sie auch ohne diese Aktivitäten auskommen bzw. wie lange, und wie viel Zeit sie in den sozialen Netzwerken verbringen. Hier können die SuS auch erarbeiten, was sie über das Anlegen von Internetprofilen wissen, dabei sollte die Lehrkraft darauf achten, dass hier die notwendige Medienkompetenz eingeübt und über die Gefahren des Internets aufgeklärt wird, z. B. über das Einstellen von Fotos, dass Aussagen nicht überprüft werden, Fake-Profile, Sprache im Internet etc.

Wann entsteht eine Sucht und was hilft dagegen? – zu Doppelseite 94/95

In die Doppelseite wird mit einem eindrucksvollen autobiografischen Bericht von Daniel Schreiber zum Thema Sucht, hier: Alkoholsucht, eingestimmt. Eindrucksvoll beschreibt er, wie man trotz warnender Stimmen und einem scheinbar funktionierenden Leben dem Alkoholkonsum frönen kann, weil es gesellschaftlich schon fast en vogue ist. Und dass es meist nur eine Frage der Zeit ist, bis jemand, der über einen gewissen Zeitraum zu viel Alkohol trinkt, auch wirklich abhängig ist. In der ersten Aufgabe können die SuS dementsprechend folgende Aspekte über suchtkranke Menschen herausarbeiten:
- Der Beginn der Sucht ist oft schön, man empfindet es nicht als schlimm, sondern angenehm.
- Irgendwann ist die Sucht aber nicht mehr so schön wie am Anfang, sie wird eher zum Kampf.
- Es gibt nicht mehr den sogenannten „Durchschnittsalkoholiker", der laut Vorurteilen obdachlos auf der Straße lebt, sondern in allen Gesellschaftsschichten ist dieses Problem bekannt und man kann die Sucht meist gut in das Leben integrieren, ohne dass es anderen Menschen auffällt.
- Alkoholkranke Menschen bauen sich Fassaden eines funktionierenden gesellschaftlichen Lebens auf.
- In bestimmten Situationen oder bei bestimmten Gefühlen greift man gerne zum Alkohol.
- Man findet immer genug Gründe, Anlässe und Argumentationen, die das Glas Alkohol notwendig erscheinen lassen.
- Jeder, der viel trinkt, wird irgendwann abhängig werden.

In der zweiten Aufgabe wenden sich die SuS den Hilfsorganisationen zu: Caritasverband, Diakonisches Werk, Anonyme Alkoholiker, das Blaue Kreuz, der Kreuzbund, Alateen und stellen diese in Form von Referaten vor. Dies kann durch Plakate oder durch eine Wandzeitung unterstützt werden.

In der dritten Aufgabe erarbeiten die SuS Gründe, warum der Alkoholkonsum in Deutschland als sehr hoch gilt:
- Obwohl ca. 18 % der Männer mehr als 20 Gramm reinen Alkohol und 14 % der Frauen mehr als 10 Gramm täglich trinken und 21 000 Menschen jährlich an alkoholbedingten Krankheiten sterben, stehen dagegen die Einnahmen des Staates aus den Steuern (über 3,165 Mrd. €).
- Da viel Werbung für Alkohol gemacht wird und der Konsum gesellschaftsfähig geworden ist, ist es kein Wunder, dass viele Menschen abhängig werden.

In der dritten Aufgabe beschreiben die SuS das Bild von Lars-Olaf Möller „Behind my sad colours" (2018). Hier kann das ZM 7 „Behind my sad colours" eingesetzt werden. Dabei können die SuS erarbeiten, dass man oft pauschal beurteilt, dass oder ob jemand trinkt oder abhängig ist, wodurch man den Blick auf die eigentliche Person, das wunderbare Ich verliert. So gibt es hinter den dunklen Farben der abgebildeten alkoholischen Flaschen meist auch lebensbejahende Farben und Momente, die zwar nicht jedem gezeigt werden, die man aber entdecken kann.

Welche Impulse für den Umgang mit Wünschen und Träumen erhalten Christen durch ihren Glauben? – zu Doppelseite 96/97

Diese Doppelseite thematisiert den Glauben, der für Christen Hoffnung und Orientierung bieten kann, sodass sich Träume und Hoffnungen anders ausrichten. Den Einstieg bietet der Text „Ein Gebet" von Antoine de Saint-Exupéry, der in der ersten Aufgabe individuell konkretisiert werden soll. In der zweiten Aufgabe wiederum sollen die SuS den Text zu einer Wunschliste eines Atheisten umformulieren, wobei Teil des

Ergebnisses sein kann, dass durch die religiöse Dimension etwas verlorengeht. Die dritte Aufgabe bezieht sich auf den Text „Der Mensch – Teil von einem großen Ganzen", wobei die SuS erarbeiten können, dass:
- der Mensch von Geburt an ein soziales Wesen ist, um das sich andere Menschen kümmern müssen.
- alle Wünsche von unserer Umgebung, von anderen Menschen beinflusst werden.
- viele Wünsche sich unbewusst in unser Denken schleichen.
- der Glaube an Gott Menschen mit einer Wirklchkeit verbinden kann, die größer ist als das, was man als Mensch erkennen kann.
- der Begriff Religion sich von religare (zurückverbinden) ableitet, weil man als Mensch an etwas Größeres – den Glauben an den Schöpfergott – zurückgebunden wird.
- man sich durch diese Abhängigkeit frei von anderen Menschen und Wünschen macht, die einen versklaven können.

Hier kann auch ZM 8 „Abhängigkeit von Gott …" eingesetzt werden.

In der vierten Aufgabe erstellen die SuS eine Mindmap zum Thema Wünsche, in der sie alle Inhalte des Kapitels eintragen. Hier findet die Methoden-Karte Anwendung.

In der fünften Aufgabe erarbeiten die SuS, dass die religiöse Rückbindung von Martin Luther King ihm geholfen hat, einen Traum zu formulieren, weil er an Gottes Liebe glaubte und dass das Reich Gottes, in dem alles gut und gerecht ist, schon auf der Erde im Kleinen anbrechen könnte.

Nie wieder Krieg! – Kann diese Vision wahr werden? – zu Doppelseite 98/99

Als Einstieg in die Doppelseite dient das Bild von Käthe Kollwitz, wobei mit dem ZM 9 „Nie wieder Krieg" begonnen werden kann.

In der ersten Aufgabe analysieren die SuS das Plakat von Käthe Kollwitz individuell.

In der zweiten Aufgabe beschreiben die SuS den lebensgeschichtlichen Hintergrund von Käthe Kollwitz, welcher für ein friedliches Zusammenleben der Völker wichtig ist:
- Als Kind erlebte sie den Tod jüngerer Geschwisterkinder.
- Später erlebte sie den Tod ihres Sohnes, der als Achtzehnjähriger an der Kriegsfront starb.
- Sie setzte sich ihr Leben lang gegen den Krieg ein.
- Ihre Kunstwerke wurden von Hitler als „entartete Kunst" entfernt und verboten.

In der dritten Aufgabe setzen sich die SuS selbst künstlerisch mit den Träumen und Sehnsüchten der biblischen Texte auseinander:
- z.B. wie ein Wolf mit einem Lamm oder ein Panther mit einem Schaf zusammen lebt,
- ein Kind kann gefahrlos mit einer Schlange spielen,
- kein Volk führt Krieg, sondern Frieden hat sich ausgebreitet,
- Gott wird alle Tränen von dem Auge der Menschen abwischen,
- es wird kein Leid, kein Geschrei mehr sein.

Die nächste Aufgabe lädt dazu ein, dass die SuS ihre eigenen Träume individuell malen oder beschreiben.

Die letzte Aufgabe verlangt von den SuS, dass sie sich in Kleingruppen mit dem Thema Frieden beschäftigen und Menschen aus ihrem Umfeld dazu befragen.

Ich und meine Wünsche – zu Doppelseite 100/101

Die linke Seite der Abschlussdoppelseite enthält viele Denkblasen zu Wünschen von Kindern, z.B. dass es den Eltern gut geht, dass man eine gute Zukunft hat, dass einen die Lehrer fair behandeln etc. Die SuS sind aufgefordert, einen Traum oder eine Vision von einem Zusammenleben in unserem Land zu formulieren, bei dem alle Wünsche berücksichtigt werden. Hier können die SuS auch ein Bild zeichnen oder ein Plakat bzw. einen Werbeflyer gestalten, welches/welcher anschließend in der Klasse ausgehangen werden kann.

Die rechte Seite gibt auf einen Blick die erarbeiteten Inhalte des Kapitels in Form von Kompetenzen wieder, sodass die SuS diese selbstständig durcharbeiten und damit prüfen können, ob sie in den vier Kompetenzbereichen diese Kompetenzen tatsächlich erworben haben. Wenn sie die Antworten nicht wissen, können sie das Kapitel an der entsprechenden Stelle noch einmal durcharbeiten. Diese Seite kann auch gut in Partnerarbeit erledigt werden.

Übersicht: Zusatzmaterial

ZM 1 Ich und meine Wünsche – Wunschlandschaft des Ichs

ZM 2 I have a dream

ZM 3 Wie will ich mein Leben führen? – ein Traum-Interview

ZM 4 Influencer meines Lebens oder „Wer oder was beeinflusst mich?"

ZM 5 Hilfe – Kann ich meinem Vorbild trauen?

ZM 6 Selbsttest – Bin ich handysüchtig?

ZM 7 Bildanalyse: Behind my sad colours

ZM 8 Abhängigkeit von Gott macht unabhängig von Menschen

ZM 9 Nie wieder Krieg!

Ich und meine Wünsche – Wunschlandschaft des Ichs

Aufgaben

1. Schreibe all deine Wünsche, die du hast, in eine Liste. Dies können materielle Wünsche, persönliche Herzenswünsche oder Wünsche für die Familie, Klasse, Allgemeinheit sein.

   - _____ _____
   - _____ _____
   - _____ _____
   - _____ _____
   - _____ _____
   - _____ _____
   - _____ _____
   - _____ _____
   - _____ _____

2. Sortiere die Wünsche nach ihrer Wichtigkeit und schreibe dementsprechend Nummern dahinter.

3. Zeichne eine Wunschlandschaft, wobei du in den Kreis in der Mitte deinen Namen schreibst und davon ausgehend deine Lebenswünsche aufschreibst. Zeichne zu jedem Wunsch entweder ein Bild, eine Zeichnung oder ein Piktogramm. Beachte: Je wichtiger der Wunsch, desto näher steht er an deinem Namen.

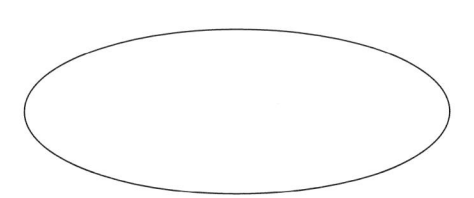

I have a dream

<u>I have a dream</u>

Ich habe einen Traum, dass eines Tages … _____

_____

_____

_____

_____

Ich habe einen Traum, dass eines Tages … _____

_____

_____

_____

_____

Ich habe einen Traum, dass eines Tages … _____

_____

_____

_____

_____

Ich habe heute einen Traum.

Aufgaben
1. Hör dir das Lied zu „I have a dream" im Internet an und schreibe deine Gefühle beim Hören auf.
2. Beschreibe, welche Träume von Martin Luther King bisher erfüllt wurden.
3. Beschreibe, welche Träume von Martin Luther King noch unerfüllt sind.
4. Formuliere oben deine eigenen Träume in Form des Songs.

| Name: | Klasse: | Datum: | ZM 3 | **4** |

Wie will ich mein Leben führen? – ein Traum-Interview

Ich heiße _____, bin _____ Jahre alt

und besuche die ____. Klasse

der _____-Schule in _____.

[Foto hier einfügen]

In meinem Leben ist mir besonders Folgendes wichtig:

- _____
- _____
- _____
- _____
- _____

Folgende Interessen bzw. Hobbys möchte ich später auf keinen Fall aufgeben, sondern intensiv mit meinem Leben verbinden:

_____
_____
_____
_____

Ich möchte mich in meinem Leben für folgende Dinge/Personen/Organisationen engagieren:

_____
_____
_____
_____

Ich engagiere mich gerne, weil …

_____
_____
_____
_____

© Ernst Klett Verlag GmbH, Stuttgart 2020 | www.klett.de | Alle Rechte vorbehalten. Von dieser Druckvorlage ist die Vervielfältigung für den eigenen Unterrichtsgebrauch gestattet. Die Kopiergebühren sind abgegolten.

Autorin: Stefanie Pfister

Mein größter Traum ist folgender:

_____
_____
_____
_____

Wenn dieser Traum in meinem Leben sich nicht erfüllen sollte, habe ich noch weitere Träume:

_____
_____
_____
_____

Wenn keiner meiner jetzigen Lebensträume sich erfüllen sollte, würde ich Folgendes machen:

_____
_____
_____
_____

Aufgaben
1. Fülle zunächst das Traum-Interview aus und klebe, wenn du magst, ein Foto von dir ein oder zeichne dich selber.
2. Stellt euch anschließend eure Traum-Interviews in Partnerarbeit vor.
3. Besprecht in der Gruppe, welche Maßnahmen, Personen oder Situationen helfen können, wenn man Lebensträume nicht erreicht.

Influencer meines Lebens oder „Wer oder was beeinflusst mich?"

Aufgaben

1. Beschreibe, ob du schon einmal bei alltäglichen oder bei schwierigen Entscheidungen überlegt hast, wie andere Personen entscheiden würden.

2. Benenne, ob du schon einmal etwas gekauft hast, weil deine Freunde/Freundinnen es haben.

3. Begründe, warum du manchmal vielleicht anderen gefallen möchtest.

4. Beschreibe, ob du schon einmal einen Medien- oder Internetstar bewundert hast. Falls ja, begründe. Falls nein, begründe ebenfalls.

5. Nun schreibe auf, wer oder was für dich in deinem Leben sogenannte Influencer sind, also Personen, Medienstars, Dinge, Faktoren, die dein Leben beeinflussen.

| Name: | Klasse: | Datum: | ZM 5 | **4** |

Hilfe – Kann ich meinem Vorbild trauen?

Eddi schwärmt von Ninja, einem Streamer und YouTouber, der im Internet hauptberuflich PC-Spiele spielt, diese filmt, während er spielt, kommentiert und Bücher dazu schreibt. Ihn begeistert die Art, wie Ninja redet, wie er spielt. Wenn Ninja etwas gut findet, dann findet Eddi dies auch gut und kauft sich das Spiel direkt, wenn er sein nächstes Taschengeld bekommt.

Tanja schaut sich am liebsten BibisBeautyPalace an, inbesondere deren Homevideos und den Schmink-Channel. Sie folgt zwar mehreren Bloggerinnen, aber am liebsten ist sie auf Bibis Seite, sie schminkt sich genauso und interessiert sich für alle Neuigkeiten, die Bibi erlebt, z. B. dass sie ein Baby bekommt, was sie anzieht, welchen Freund sie hat etc. Sobald ein neues Video eingestellt wird, schaut sich das Tanja an.

Aufgaben

1. Begründe, was Eddi oder Tanja an ihren Vorbildern so fasziniert.

2. Beschreibe, welche Gründe du nachvollziehen kannst und welche Gründe du übertrieben findest.

3. Beschreibe deinen eigenen Internetstar. Begründe, warum du ihm folgst, seine Inhalte oder Fotos likst oder seine Inhalte oft anschaust, dir den Kanal bzw. die Sendung anhörst, kurz: was dir alles so gut gefällt.

4. Beschreibe, welche Vorteile es hat, so einem Internetstar zu folgen, seine Updates zu lesen und ihm nachzueifern.

5. Beschreibe, welche Nachteile so ein Verhalten möglicherweise haben könnte.

| Name: | Klasse: | Datum: | ZM 6 | **4** |

Selbsttest – Bin ich handysüchtig?

Testbedingungen: Führe den beschriebenen Selbstversuch durch und stelle dein Handy aus.
Beachte: Stelle dein Handy nicht nur lautlos oder in den Flugmodus, sondern schalte es absolut aus und gib es dann einer Person deines Vertrauens, damit du auch nicht in Versuchung gerätst, es wieder anzuschalten oder es versehentlich an dich zu nehmen.

Aufgaben

1. Beschreibe, wie du die ersten Minuten ohne Handy empfindest.

   _____
   _____
   _____

2. Beschreibe, ob du eventuell schon erste Entzugserscheinungen hast, z. B.: Du denkst fortwährend an dein Handy, deine Finger greifen zur gewohnten Aufbewahrungsstelle (z. B. zur rechten Hosentasche), deine Finger wissen nicht, wohin mit sich, du hast das Gefühl, dass dir etwas Wichtiges fehlt, dass du etwas verpasst …

   _____
   _____
   _____

3. Nach 10 Minuten: Kreuze auf einer Skala von 1–10 an, wie stark du dein Handy vermisst, wobei 1 für „kaum" und 10 für „abolut" steht.

   1   2   3   4   5   6   7   8   9   10

4. Beschreibe, welche Ersatzbeschäftigung du wählst.

   _____
   _____
   _____

5. Nach 30 Minuten: Kreuze auf einer Skala von 1–10 an, wie stark du dein Handy vermisst, wobei 1 für „kaum" und 10 für „abolut" steht.

   1   2   3   4   5   6   7   8   9   10

6. Suche dir eine andere, ablenkende Tätigkeit. Beschreibe diese hier. Beschreibe, was dir daran gefällt.

   _____
   _____
   _____

| Name: | Klasse: | Datum: | ZM 6 |

7. Nach 60 Minuten: Kreuze auf einer Skala von 1–10 an, wie stark du dein Handy vermisst, wobei 1 für „kaum" und 10 für „abolut" steht.

   1   2   3   4   5   6   7   8   9   10

8. Suche dir eine andere, ablenkende Tätigkeit. Beschreibe diese hier. Beschreibe, was dir daran gefällt.

   _____
   _____
   _____

9. Nach 90 Minuten: Kreuze auf einer Skala von 1–10 an, wie stark du dein Handy vermisst, wobei 1 für „kaum" und 10 für „abolut" steht.

   1   2   3   4   5   6   7   8   9   10

10. Nun erhältst du dein Handy wieder. Schalte es noch nicht wieder an. Bevor du es anschaltest, beschreibe hier dein Gefühl.

    _____
    _____
    _____

11. Du schaltest dein Handy wieder an. Beschreibe, was du in den ersten Minuten des Handy-Glücks getan hast und wie du dich gefühlt hast.

    _____
    _____
    _____

12. Antworte ehrlich: Glaubst du, dass du handysüchtig bist?
    Falls ja, begründe hier:

    _____
    _____
    _____

    Falls nein, begründe hier:

    _____
    _____
    _____

Bildanalyse: Behind my sad colours

1. **Spontane Wahrnehmung**
   Betrachte das Bild in Ruhe und tausche dich in Partnerarbeit über folgende Fragen aus:
   - Beschreibt spontan, was ihr auf dem Bild seht.
   - Was fällt euch auf?
   - Was gefällt euch?
   - Was gefällt euch nicht?

2. **Beschreibungen**
   Beschreibt euch gegenseitig in Partnerarbeit die Farben, Bewegungen und Haltungen auf dem Bild.
   - Wie ist das Bild aufgebaut? Versucht bitte, genau auf die Farben zu achten.
   - Beschreibt die Bewegungen/Haltungen.
   - Stellt die Haltung der Personen nach.

3. **Phase der Innenkonzentration**
   Beschreibt, was das Bild in euch auslöst.
   - Wenn ihr das Bild auf euch wirken lasst, was löst es bei euch aus?
   - Wie wirkt das Bild auf euch?
   - Was fühlt ihr?

4. **Analyse des Bildgehalts**
   Beschreibt, was das Bild bedeuten könnte und wie es sich erklären oder interpretieren lässt.
   - Was ist nun dargestellt?
   - Was hat es zu bedeuten?

5. **Identifizierung mit dem Bild**
   Verortet euch im Bild, beschreibt also, wo ihr euch vorstellen könntet, einen Platz einzunehmen.
   - Wenn ihr euch im Bild einen Platz suchen würdet, wo würdet ihr sein wollen?
   - Wenn ihr euch im Bild verorten würdet, wo würdet ihr stehen?
   - Begründet.

6. **Tragt eure Ergebnisse der Gesamtgruppe vor.**

Name: _____ Klasse: _____ Datum: _____ ZM 8

Abhängigkeit von Gott macht unabhängig von Menschen

Gina: Oh Mann, nun komm' mir nicht mit so einem blöden religiösen Quatsch!
Lars: Warum nicht? Ich hab doch nur gefragt, ob du ab und zu mal betest.
Gina: Wie kommst du denn auf sowas? Ich hab dich doch nur gefragt, ob dich auch manchmal alles nervt, weil dich keiner versteht. Was hat das denn mit Gott zu tun?
Lars: Na, jetzt mal im Ernst. Es gibt Situationen, da ist man einfach mit allem am Ende. Ich kenne das oft, da bin ich einfach von allem genervt, von meiner Familie, von der Schule, von meinen Freunden. Und wenn ich dann bete, geht es mir besser.
Gina: (lacht laut) Als ob das helfen würde. Ich glaube nicht daran, jeder muss sich selber helfen im Leben. Aber ich finde es okay, wenn es dir hilft.
Lars: Ich habe gemerkt: Abhängigkeit von Gott macht unabhängig von Menschen.
Gina: Was? Abhängigkeit von Gott? Verstehe ich nicht. Erkläre das doch noch einmal genauer.
Lars: Das heißt, wenn ich auf Gott vertraue und zu ihm bete, dann ist es für mich viel leichter, mit blöden Situationen im Leben umzugehen.

Gina: _____

Lars: _____

Gina: _____

Lars: _____

Gina: _____

Aufgaben
1. Erklärt euch gegenseitig in Partnerarbeit, was wohl der Satz „Abhängigkeit von Gott macht unabhängig von Menschen" bedeuten könnte.
2. Begründe, ob du diesem zustimmst oder nicht.
3. Setzt in Partnerarbeit den Dialog fort und stellt ihn der Gruppe vor.

Nie wieder Krieg!

Aufgaben

1. Stell dir vor, es wäre Krieg und keiner geht hin ... Beschreibe die Situation und ob dies realistisch wäre.

2. Beschreibt in der Klasse gemeinsam, welche Kriegserfahrungen ihr kennt, auch PC-Spiele dürft ihr benennen. Beschreibt allerdings dann, welche Unterschiede es zwischen einem PC-Spiel und der Realität gibt.

3. Beschreibe die Faszination von Krieg für viele Menschen.

4. „Nie wieder Krieg" ist nur in wenigen Ländern über mehrere Jahrzehnte ein Traum. Recherchiere nach Ländern, in denen seit mindestens zehn Jahren Frieden herrscht.

5. Benennt Länder, in denen dagegen kaum Frieden, nur Krieg vorherrscht.

Nächstenliebe und diakonisches Handeln der Kirche (Seite 102–122)

Einen Moment noch …

Welchen Stellenwert hat Nächstenliebe in unserer Gesellschaft? Was bedeutet sie für Kinder und Jugendliche? In diesem Kapitel geht es darum, die SuS anhand vieler konkreter Beispiele für die Thematik zu öffnen und zu sensibilisieren. Sie werden sowohl mit der Situation von Hilfsbedürftigen als auch der von Helfenden konfrontiert. „Viele Kinder erleben heutzutage in ihrem eigenen Umfeld schon, dass die Welt „nicht nur schön" ist. An diesem Erleben gilt es anzuknüpfen. Es gehört zu ihrer Lebenswirklichkeit dazu. Wenn Kinder bereits früh lernen, sich für andere Menschen einzusetzen und merken, dass man etwas gegen die Nöte tun kann, dann werden sie dies womöglich auch in späteren Jahren weiterhin tun. Kinder, die aus einem wohlbehüteten Umfeld kommen und die wenig Berührungspunkte mit Menschen haben, denen es schlecht geht, sollen sensibilisiert werden. Es ist wichtig, gemeinsam mit ihnen zu entdecken, dass es neben dem, was sie bisher kennen, noch mehr gibt. Nicht allen Menschen geht es gut. Auch in ihrer Umgebung gibt es Menschen in Not, vielleicht sind sie bisher nur noch nicht mit ihnen in Berührung gekommen. Es geht hier im ersten Schritt um Sensibilisierung. Wenn sie dies bereits in ihrer Kindheit erfahren, bekommen sie früh ein „realistisches" Bild von der Welt. Dies kann z.B. ihre Empathiefähigkeit fördern und sie in dem Bewusstsein stärken, dass es gut ist, anderen Menschen zu helfen." (Lisa Stahlschmitt, Diakonische Projekte für und mit Kindern, in: Jungscharhelfer-Jahrbuch 5/2014, Kassel: Oncken, S. 131–133, auch unter: https://www.gjw.de/fileadmin/edition_gjw/dokumente/0053_Stahlschmidt_Diakonische-Projekte.pdf, S. 2, 04.12.2019)

Die SuS verstehen durch die Beschäftigung mit Quellen aus dem Alten und dem Neuen Testament, dass Nächstenliebe auch biblisch begründet ist und in beiden Testamenten eine zentrale Bedeutung hat. Der Gedanke der Nächstenliebe wird im diakonischen Handeln der Kirche aktiv vollzogen. Diakonie versteht sich als kirchliche Umsetzung des biblischen Gebotes der Nächstenliebe. Damit wird auch die gesellschaftliche Dimension von Nächstenliebe angesprochen. Die SuS erfahren, in welchen Bereichen Diakonie tätig ist. Auch ist es wichtig, dass sie erkennen, dass sie selbst ihren Beitrag leisten können, auch wenn sie nicht in einer Organisation mitarbeiten. Hilfe und Nächstenliebe können im unmittelbaren Umfeld stattfinden.

Wichtig ist es aber auch, zu reflektieren, dass Helfen an seine Grenzen stoßen kann, z.B. weil die Helfenden an die Grenzen ihrer eigenen Möglichkeiten stoßen oder weil die Notsituation der Menschen zum Teil nicht verändert werden kann, z.B. im Fall von schweren Erkrankungen.

Zum Weiterlesen

- *Homolka, Walter/Striet, Magnus:* Christologie auf dem Prüfstand – Jesus der Jude – Christus der Erlöser, Freiburg 2019

- *Roose, Hanna:* Nächstenliebe (2017), https://www.bibelwissenschaft.de/wirelex/das-wissenschaftlich-religionspaedagogische-lexikon/wirelex/sachwort/anzeigen/details/naechstenliebe-1/ch/9d2fb2f956e678cb9580334f3a2ddc23/#h8 (05.12.2019)

- *Sigg, Steffen:* Gleichnisse und Wunderberichte aus der Bibel: in neuen Zusammenhängen sehen und verstehen (5. bis 10. Klasse), Donauwörth 2018

Didaktischer Kommentar

Wie sollen wir helfen? – zu Doppelseite 104/105

Als Einstieg in die Thematik wurde eine Geschichte gewählt, die die SuS in Beziehung zu ihrer eigenen Lebenswelt setzen können. Vermutlich haben sie selbst noch Großeltern und möglicherweise kennen einige von ihnen ähnliche Situationen, wie die hier von Hannes und seiner Familie geschilderte. Es wird deutlich, dass Hannes Familie sich um den verwitweten Großvater zwar kümmert, aber überfordert mit der Situation ist, als deutlich wird, dass der Großvater offenbar alleine seinen Alltag nicht mehr gut bewältigen kann. Besonders belastet scheint Hannes' Mutter zu sein, die, wie vor allem häufig Frauen, unter einer Mehrfachbelastung leidet, weil sie in vielen Rollen zugleich agieren muss und möchte: als Frau und Mutter in ihrer Familie, als Tochter, die sich um ihren Vater sorgt und als erfolgreiche berufstätige Frau (Teamleiterin). Dabei geraten gerade Frauen häufig an die Grenzen ihrer Belastbarkeit, weil sie in allen Rollen gut sein möchten und dabei selbst manchmal auf der Strecke bleiben, weil sie sich zu wenig Zeit für ihre eigenen Bedürfnisse nehmen bzw. diese immer hinten anstellen. Es ist zu vermuten, dass einige SuS spontan die Position von Hannes einnehmen werden, weil er ihnen vom Alter her am nächsten steht. Die Lernaufgabe auf Seite 104 fordert sie durch die Formulierung „So einfach ist das nicht ...", die fortgesetzt werden soll, aber dazu auf, sich auch in die andere Position, die offenbar auch von Hannes' Vater vertreten wird, hineinzuversetzen. Hier bietet sich der Einsatz von ZM 1 an. In der ersten Aufgabe auf Seite 105 geht es darum, sich damit auseinanderzusetzen, warum es der auf dem Plakat abgebildeten älteren Frau wohl wichtig sein könnte, dass an sie gedacht wird. Das Bild zeigt eine Frau mit verkniffenem Gesichtsausdruck. Sie sieht nicht glücklich aus. Es könnte assoziiert werden, dass sie einsam ist und sich wünscht, dass mehr an sie gedacht wird. Vielleicht fühlt sie sich von allen vergessen. Gerade im Alter fühlen sich Menschen häufig alleine oder sind es auch tatsächlich. Sie haben vielleicht keine Familie oder die Familie wohnt weit entfernt, manchmal besteht auch kein Kontakt oder die Familie ist so in den Alltag eingebunden, dass wenig Zeit bleibt, sich um die älteren Verwandten zu kümmern. Wenn dann noch Freunde und Bekannte sterben, droht vielen alten Menschen die Einsamkeit, die auch zu gravierenden gesundheitlichen Problemen im psychischen und körperlichen Bereich führen kann. Manchmal sind die einzigen Kontakte die Ärztin, der Apotheker oder der Pflegedienst. (vgl. https://www.tagesspiegel.de/gesellschaft/panorama/soziale-isolation-die-einsamkeit-breitet-sich-in-deutschland-aus-wie-eine-epidemie/21035520.html, 28.11.2019)
Aufgabe 2 thematisiert die acht Leitsätze der Diakonie, die auf der Internetseite noch näher ausgeführt werden.

Zunächst wird erklärt, warum ein Leitbild wichtig ist. Mit den SuS könnte zunächst darüber gesprochen werden, was ein Leitbild bzw. Leitsätze sind. „Das Leitbild des Diakonischen Werks der Evangelischen Kirche in Deutschland will Orientierung geben, Profil zeigen, Wege in die Zukunft weisen. Wir in der Diakonie sagen damit, wer wir sind, was wir tun und warum wir es tun. Mit dem Leitbild beschreiben wir, wie Diakonie ist, und mehr noch, wie sie sein kann. Ob diese Diakonie von morgen Wirklichkeit wird, hängt von unserer Bereitschaft ab, das Leitbild gemeinsam mit Leben zu erfüllen. Wir nehmen uns vor, das Leitbild in unserer täglichen Arbeit vorzuleben, es verbindlich und überprüfbar zu machen. Wir verstehen es als Selbstverpflichtung. Das Kronenkreuz ist unser Zeichen." (Leitbild Diakonie, v. 15.10.1997, unter: https://www.diakonie.de/fileadmin/user_upload/Diakonie/PDFs/Ueber_Uns_PDF/Leitbild.pdf, 28.11.2019)
Einige Leitsätze lassen sich vermutlich für die SuS eher ergänzen als andere. Zum Beispiel könnten sie darauf kommen, dass das Achten der Würde jedes Menschen den Gedanken impliziert, dass es Menschen gibt, deren Würde mit Füßen getreten wird, deren Menschenrechte nicht geachtet werden. Vgl. zu dem Thema Menschenwürde auch ZM 2.
Für andere Leitsätze müssten u. U. die näheren Erklärungen auf der Internetseite (s.o.) herangezogen werden.

Wie empfinden Hilfsbedürftige und Helfende? – zu Doppelseite 106/107

Diese Doppelseite regt anhand konkreter Beispiele vor allem zur Einführung in die Situation von Hilfsbedürftigen, z.T. auch von Helfenden, an. Als hilfsbedürftig zeigen sich hier zum einen eine chronisch kranke Frau als auch der Bruder eines chronisch kranken Jungen.
Der Brief von Friederike nimmt die SuS mit in die Realität einer chronisch kranken Frau, die regelmäßig zur Dialyse gehen muss, um überleben zu können. Vermutlich wartet sie auf ein Spenderorgan, was aber viele Jahre dauern kann. In dem Brief geht es weniger um ihre Erkrankung, als vielmehr um ihre Überlegungen, die notwendigen Dialysen so in ihr Leben einzubauen, dass ihr die Bewältigung des Alltags gelingt. Sie berichtet über schwierige Erfahrungen (sie bezeichnet es sogar als Mobbing), die sie vor allem mit einer Pflegekraft gemacht hat. Deutlich wird hier die Abhängigkeit eines kranken Menschen von Ärzt*innen und Pflegepersonal, die zu Belastungen auf beiden Seiten führen kann. Die Wartezeit für eine Niere, wenn keine Lebendspende aus dem Bereich der unmittelbaren Verwandtschaft möglich ist, beträgt derzeit fünf bis sechs Jahre (https://www.bgv-transplantation.de/, 07.12.2019). In Deutschland bekommen heute rund 60 000 bis 80 000 Menschen regelmäßig eine Dialyse (https://www.n-tv.de/

wissen/Blutwaesche-gelang-erstmals-vor-75-Jahren-article20365973.html, 28.11.2019). Vgl. hierzu auch ZM 3, das an dieser Stelle herangezogen werden kann.

In der ersten Aufgabe werden die SuS aufgefordert, einen Bericht aus verschiedenen Perspektiven zu verfassen, um sich in die jeweiligen Personen und Aufgabenbereiche einfühlen zu können. Da der Brief aus Sicht der kranken Frau verfasst ist, werden vermutlich viele SuS dazu neigen, sich zunächst ihrer Einschätzung anzuschließen und möglicherweise das Verhalten des Arztes und der Nachtschwester zu verurteilen. Die Freundin der Frau nimmt möglicherweise eine vermittelnde Position ein oder sie wird die Perspektive ihrer erkrankten Freundin teilen. Durch einen Perspektivwechsel erkennen die SuS möglicherweise die Schwierigkeiten, vor denen das Pflegepersonal unter Umständen häufig steht. Es wäre denkbar, dass die SuS in Gruppen arbeiten und sich entweder als Gruppe mit einer Position befassen oder innerhalb der Gruppe die Positionen verteilen. Falls Zeit ist, könnte auch eine Podiumsdiskussion geplant werden.

Häufig haben Kinder, die chronisch kranke Geschwister oder Geschwister mit Behinderungen haben, große Probleme. Sie fühlen sich übersehen und erleben, dass sehr viel Zeit und Energie der Eltern dem Geschwisterkind zukommt. Auch leben sie oft selbst in großer Angst um die kranken Geschwister. Sie erleben häufig keinen „normalen" und unbeschwerten Alltag, weil das Thema Krankheit alles dominiert. Möglicherweise sind z. B. keine Urlaubsreisen oder andere Unternehmungen möglich, weil das Geschwisterkind diese nicht mitmachen könnte.

Die zwiespältigen Gefühle von Marcel erlauben einen Einblick in die Probleme eines gesunden Kindes mit einem chronisch kranken Bruder. Deutlich wird, dass sich Marcel häufig zurückgesetzt fühlt, aber auch, dass er Schuldgefühle empfindet. Mit diesem Zwiespalt sollen sich die SuS in der zweiten Aufgabe befassen. Das Thema sollte sensibel behandelt werden, weil es möglich ist, dass Kinder in der Klasse sind, die von dieser Situation betroffen sind. Als Hintergrund könnten die Ergebnisse einer Studie aus dem Jahr 2014, die vom Universitätsklinikum Hamburg-Eppendorf durchgeführt wurde und die sich mit der Lebens- und Versorgungssituation von Familien mit chronisch kranken oder behinderten Kindern befasst hat, herangezogen werden. „Im Rahmen der Kindernetzwerk-Studie haben die Hamburger Wissenschaftler bundesweit fast 1600 Eltern von chronisch kranken oder behinderten Kindern befragt. Damit handelt es sich um die bislang größte Studie in Deutschland zur Lebens- und Versorgungssituation von Familien mit einem besonderen Bedarf. ‚Mich hat die Offenheit der befragten Familien wirklich beeindruckt', so der Studienleiter Dr. Christopher Kofahl vom Universitätsklinikum Hamburg-Eppendorf. ‚Wir haben den Familien teilweise sehr intime Fragen über ihre Sorgen und Nöte gestellt, über finanzielle und partnerschaftliche Probleme. Daher sind wir sehr froh, dass sich so viele Eltern entschlossen haben, uns Rede und Antwort zu stehen.' Die Umfrageergebnisse zeigen sehr deutlich, wie viel die Betreuung der Kinder den Familien abverlangt: 40 Prozent der Eltern können ihr Kind nie unbeaufsichtigt lassen, 30 Prozent nicht länger als eine Stunde. ‚Die Lebensqualität der betroffenen Familien liegt weit unter dem Bevölkerungsdurchschnitt', erklärte Kofahl seine Studienergebnisse. Besonders gefordert seien dabei die Mütter. Diese sind in rund 80 Prozent der Fälle die Hauptbezugsperson. Neben den normalen Verpflichtungen, die die Kindeserziehung mit sich bringt, sind die betroffenen Familien durch die Krankheit eines Kindes in ihrem Alltag vielleicht noch stärker gefordert. Rund 83 Prozent der Eltern klagen über bürokratische Hürden. Für 66 Prozent stellen die ständigen Fahrten zu Ärzten einen zusätzlichen Kraftakt dar. Auch auf der Suche nach zuverlässigen Informationen zur Erkrankung ihrer Kinder stoßen viele Eltern an ihre Grenzen. Nur ein gutes Drittel der Befragten zeigt sich zufrieden mit der erhaltenen Beratung." (AOK-Bundesverband GbR, Selbsthilfe. Familie im Fokus – aktuelle Studie belegt Handlungsbedarf, unter: https://aok-bv.de/hintergrund/dossier/selbsthilfe/index_15486.html, 28.11.2019)

In der dritten Aufgabe geht es darum, die Grenzen des Helfens zu benennen, die im Zusammenhang mit den beiden Fallbeispielen deutlich werden. So gibt es Grenzen des Helfens, wenn sich eine Situation gar nicht oder längerfristig nicht verändern lässt, also im Beispiel von Friederike die Erkrankung, die entweder dauerhaft oder noch für lange Zeit ihr Leben bestimmen könnte, und im Beispiel von Marcel die chronische und damit dauerhafte Erkrankung seines Bruders. Es kann in der Klasse über weitere Beispiele gesprochen werden, in welchen Fällen es solche Grenzen geben kann, aber auch, wie dennoch im Rahmen dieser Grenzen Hilfe möglich sein kann. In dem Gebet von Marcel wird auf bewegende Weise deutlich, dass nicht nur die erkrankte Person, sondern auch die Angehörigen auf Hilfe angewiesen sein können.

Die vierte Aufgabe richtet den Fokus auf die SuS. Sie berichten über ihre Erfahrungen mit Hilfsbedürftigkeit, die sie in ihrem Umfeld erleben oder erlebt haben. Vielleicht ist es möglich, dass sich die Kinder über das Formulieren von Ratschlägen hinaus konkrete Handlungsmöglichkeiten überlegen, wie sie einem Menschen in ihrem Umfeld helfen könnten. Sie könnten das Vorhaben im Verlauf der Unterrichtseinheit versuchen umzusetzen und darüber im Unterricht berichten.

Wer ist mein Nächster? – zu Doppelseite 108/109

In diesem Kapitel werden Bibelstellen herangezogen, um zu verdeutlichen, wie Nächstenliebe aus jüdisch-christlicher Perspektive begründet wird.

In der ersten Aufgabe geht es um die Beispielerzählung oder Parabel (häufig als Gleichnis bezeichnet, was aber unter formgeschichtlichen Aspekten nicht ganz zutreffend ist) vom Barmherzigen Samariter. Dort wird deutlich, dass Nächstenliebe bedeutet, sich um die Menschen zu kümmern, die Hilfe benötigen und zwar unabhängig von ihrer Herkunft oder ihrer Stellung in der Gesellschaft. Das ist ein wesentlicher Gedanke der Lehre Jesu. Je nach Zeit und Fähigkeiten der SuS könnte die Beispielerzählung näher analysiert werden. Möglicherweise ist sie bereits in Klasse 6 im Zusammenhang mit dem 2. Kapitel (Zwischen Galiläa und Jerusalem: Wie geht Jesus mit Menschen um?) behandelt worden. Falls nicht, bietet sich in jedem Fall eine ausführlichere Auseinandersetzung an. Zunächst neigen viele dazu, den Priester und den Leviten, die die Hilfeleistung verweigert haben, zu verurteilen. Das muss aber differenzierter beurteilt werden. So hatten die beiden z. B. andere wichtige Pflichten bzw. die Sorge, für den Dienst im Tempel durch Berührung des Verletzten unrein zu werden. Es geht auch weniger darum, mit dem Zeigefinger auf die zu zeigen, die sich falsch verhalten, sondern eher darum, das eigene Handeln zu reflektieren. Auch ist es wichtig, zu verstehen, dass Gottes- und Nächstenliebe untrennbar zusammengehören. Ein weiterer bedeutsamer Punkt ist, dass verstanden wird, dass in diesem Fall das Opfer nicht Hilfe von denen, die vielleicht zunächst als die Nächsten erscheinen (Angehörige der eigenen Religion und Volkszugehörigkeit), bekommt, sondern von einem, der auch als Gegner oder Feind angesehen werden könnte. Auch ist darüber zu sprechen, dass das Opfer vom Samariter besonders wertschätzend behandelt wird und seine Hilfe über das unbedingt Notwendige weit hinausgeht (https://www.rpi-loccum.de/material/pelikan/pel1-02/krune0, 07.12.2019).

Im Zusammenhang mit der Beispielerzählung vom Samariter lässt sich auch gut handlungsorientiert arbeiten. Denkbar ist z. B. die Arbeit mit Standbildern oder auch das Nachstellen der Szenen mit Knete oder Spielfiguren o. Ä. Auch könnte in Bezug auf die eigene Lebens- bzw. Klassensituation überlegt werden, wer der Nächste sein könnte, der Hilfe benötigt. So könnte Nächstenliebe im Schulalltag vielleicht bedeuten, sich für Mobbingopfer einzusetzen oder auf dem Schulhof zu intervenieren, selbst wenn das Opfer niemand aus der eigenen Klasse oder dem Freundeskreis ist. Vgl. dazu auch ZM 4.

Die zweite Aufgabe rückt die Legende von Martin Buber in den Fokus. Diese zielt darauf ab, dass Nächstenliebe bedeutet, auch ohne Worte zu verstehen, was der andere braucht und wie es ihm geht. Erwartet wird also, in seiner Wahrnehmung sensibilisiert zu werden und über das Offensichtliche hinauszudenken.

Die dritte Aufgabe lädt dazu ein, das Bild des Holzreliefs näher zu betrachten. Der deutsche Bildhauer Ignaz Günther (1725–1775) veranschaulicht auf diesem Holzrelief die Hinwendung des Samariters zu dem verletzten Mann. Es wird gezeigt, wie er ihn liebevoll versorgt und verarztet. (Lk 10,34)

In der vierten Aufgabe wird noch einmal das Augenmerk darauf gerichtet, dass es offensichtliche und eher verborgene Notsituationen gibt. Die Parabel vom Barmherzigen Samariter erzählt von einem schwer verletzten Mann, der ganz offensichtlich hilfsbedürftig ist. In der Legende von Rabbi Mosche Löb ist der Bauer nicht auf den ersten Eindruck bedürftig, es scheint sich bei ihm um eine innere Not zu handeln. In unserer Gesellschaft leiden sehr viele Menschen an psychischen Problemen oder Notsituationen, denen körperliche oder seelische Erkrankungen zugrunde liegen können oder die bestimmten Lebenssituationen geschuldet sein können (Verlust, Tod, Krankheit, Trennung, Leistungsdruck etc.). So ist es wichtig, dass SuS auch dafür sensibilisiert werden, dass es Not gibt, die nicht auf den ersten Blick sichtbar ist und dass es wichtig sein kann, mit Menschen ins Gespräch zu kommen. Es geht darum, den Nächsten mit liebevollen Augen anzusehen, um zu sehen, was er braucht.

In Aufgabe 5 wird deutlich, dass es eine Kontinuität zwischen dem Alten und dem Neuen Testament gibt und dass Jesus als gläubiger Jude vor dem Hintergrund der Gebote, mit denen er aufgewachsen ist, lehrt und handelt. Im dritten Buch Mose, Levitikus, finden sich viele Gesetze und Regeln für das jüdische Volk. Levitikus 17–26 wird als Heiligkeitsgesetz bezeichnet: Israels Gesetzesgehorsam wird an die grundlegende Qualität seiner Heiligkeit gebunden. (https://www.bibelwissenschaft.de/wibilex/das-bibellexikon/lexikon/sachwort/anzeigen/details/heiligkeitsgesetz/ch/66298e69abcb4c0a84b58032057b6ed2/#h3, 02.12.2019) Das sogenannte Doppelgebot der Liebe rückt Gottes- und Menschenliebe ganz eng zusammen. Eines kann es ohne das andere nicht geben. Als Doppelgebot der Liebe werden die beiden Einzelgebote Dtn 6,5 und Lev 19,18 verstanden. Jesus konkretisierte dieses Gebot anhand seiner Lehre noch einmal. Gottesliebe ohne Nächstenliebe wäre leer und heuchlerisch. Aber was ist mit Nächsten- ohne Gottesliebe? Das kann mit den SuS besprochen werden, denn sie werden sicher Beispiele von Menschen anführen, die nicht gläubig sind und dennoch dem Nächsten Gutes tun. Vielleicht trifft das auch auf sie selbst zu. Wichtig ist, dass das auch nicht in Abrede gestellt wird, sondern dass noch einmal verdeutlicht wird, dass hinter den Worten Jesu das Menschenbild steht, dass jeder Mensch ein Ebenbild Gottes ist und wenn jeder Mensch mit den Augen Gottes gesehen wird, fällt es vielleicht auch leichter, jeden Menschen als den Nächsten anzusehen. (http://www.kath.ruhr-uni-bochum.de/imperia/md/content/nt/morgenandachten/gottesliebe_und_n__chstenliebe_gw_wdr_okt_20081.pdf, 07.12.2019)

Was ist Barmherzigkeit? – zu Doppelseite 110/111

In der ersten Aufgabe geht es darum, den Zusammenhang zu erläutern, in dem Jesus von den „Werken der Barmherzigkeit" spricht. Dieser findet sich in Mt 25,31–46. Jesus spricht im Zusammenhang mit dem Weltgericht von den sechs Werken der Barmherzigkeit. Die Bibelstelle gehört in die Endzeitrede, die Jesus auf dem Ölberg an die Jünger gerichtet haben soll (Mt 24/25). Die Bildrede vom Weltgericht bildet den Abschluss dieser Rede. Der König steht für Gott. Zunächst werden die in das Reich Gottes kommen, die Nächstenliebe geübt haben.

Die zweite Aufgabe führt das siebte Werk an, das unter Bezug auf das apokryphe Buch Tobias vom Kirchenvater Lactantius im 3. Jahrhundert ergänzt wurde. „Lange aber hernach, nach dem Tode Salmanassers, da sein Sohn Sanherib nach ihm regierte, welcher den Kindern Israel feind war, ging Tobias täglich zu allen Israeliten und tröstete sie und teilte einem jeglichen mit von seinen Gütern, was er vermochte. Die Hungrigen speiste er, die Nackten kleidete er, die Erschlagenen und Toten begrub er sorglich." (Tobias 1,18–20, hrsg. v. CID – christliche internet dienst GmbH, unter: https://www.bibel-online.net/buch/luther_1912_apokr/tobia/1/)

Lactantius erlebte unter Diokletian eine Zeit der Christenverfolgung und lebte unter gefährlichen Bedingungen in Armut. Von daher ist zu vermuten, dass ihm der Punkt der Totenbestattung vor allem von mittellosen Menschen besonders am Herzen lag. Lactantius hat in seinem Werk *divinarum institutionum* sogar neun Werke der Barmherzigkeit aufgelistet. „Nahrungsbedürftigen wollen wir mitteilen, Nackte bekleiden, Unterdrückte aus der Hand der Übermacht befreien. Unsere Wohnung stehe Fremdlingen und Obdachlosen offen; Waisen fehle nicht unsere Verteidigung, Witwen nicht unser Schutz. Gefangene vom Feinde loszukaufen, ist ein großes Werk der Barmherzigkeit, ebenso Kranke und Arme zu besuchen und zu erquicken. Mittellose und Ankömmlinge mögen im Tode nicht unbestattet bleiben." (Andreas Mertin, Die sieben Werke der Barmherzigkeit. Ein Beispiel diakonischer Kunst – wiederbetrachtet, in: Magazin für Theologie und Ästhetik, Heft 102/2016, unter: https://www.theomag.de/102/am546.htm, 07.12.2019)

In der dritten Aufgabe geht es darum, dass die SuS diese Werke auf unsere Zeit übertragen. Andreas Mertin betont die Aktualität dieser Formulierungen: „Gerade in den politischen Auseinandersetzungen des 21. Jahrhunderts ist seine Liste es wert, detailliert aufgezählt zu werden, denn in den gewaltsamen Auseinandersetzungen in Syrien und im Iran sind es nicht zuletzt die Witwen und Waisen, die leiden müssen und die Fremden, die unserer Fürsorge bedürfen." (https://www.theomag.de/102/am546.htm, 07.12.2019) Dies könnte mit den SuS diskutiert werden. Besonders das dritte Werk, die Aufnahme von Fremden, könnte in den Fokus rücken. Die SuS könnten die Aufgabe auch in arbeitsteiliger Gruppenarbeit bearbeiten und z.B. mithilfe einer Internetrecherche weitere Aktualisierungen herausarbeiten. Vgl. hierzu auch ZM 5 und ZM 6.

In der fünften Aufgabe wird erneut der Bezug zwischen Gottes- und Menschenliebe deutlich. „Seid barmherzig, wie auch euer Vater barmherzig ist", so heißt es in der Feldrede Jesu (Lk 6,36). Dass Menschen barmherzig sein sollen, leitet sich also ab aus der Barmherzigkeit, die Gott den Menschen zuteilwerden lässt.

Wer war Wilhelm Löhe? – zu Doppelseite 112/113

Diese Doppelseite lädt dazu ein, sich mit Wilhelm Löhe zu befassen, der als fränkischer Diakonissenvater bekannt wurde. Er gründete 1854 die Diakonissenanstalt Neuendettelsau bei Nürnberg, bis heute einer der größten unabhängigen diakonischen Träger in Deutschland. Nach einem Zusammenschluss mit dem Evangelischen Diakoniewerk Schwäbisch Hall trägt sie seit dem 01.07.2019 den Namen Diakoneo. (https://www.diakoneo.de/die-diakonie-neuendettelsau-und-das-diak-schwaebisch-hall-werden-diakoneo/, 07.12.2019)

In der ersten Aufgabe geht es darum, zu erläutern, warum es heute nur noch sehr wenige aktive Diakonissen gibt. Für die Einschätzung ist es hilfreich, sich die Internetseite von Diakoneo anzusehen und sich mit der Stellenbeschreibung dieses Berufes näher zu beschäftigen. In der Beschreibung des Berufsbildes der Diakonisse heißt es: „Wir sind gebunden und doch frei – Wir leben verbindlich und doch selbstbestimmt. In diesen Worten wird das Spannungsfeld deutlich, in dem wir uns bewegen. Jede Frau, die sich entscheidet, mit uns zu leben, ist frei in ihren Entscheidungen, die sie in der Verantwortung vor Gott trifft. Sie kann ihre Arbeitsstelle frei wählen – sei es innerhalb der Diakonie Neuendettelsau oder auch außerhalb. Sie entscheidet mit Blick auf die Gemeinschaft, wie und wo sie ihre Zeit verbringt oder sich ehrenamtlich engagiert. Andererseits pflegen wir ein verbindliches geistliches Zusammenleben, das von festen Zeiten des Gebets und von der Sehnsucht und Suche nach Gott geprägt ist. Als Diakonissen leben wir in einem bewussten Umgang mit dem Geld, in der Ehelosigkeit frei für unseren Dienst am Nächsten und im gemeinsamen Hören und Umsetzen dessen, was zu tun ist. Auch am Tragen unserer Tracht halten wir fest. Wir verstehen uns als geistlichen Kern der Diakonie Neuendettelsau. Es braucht Mut und Eigenverantwortlichkeit, einen solchen Weg einzuschlagen und ihn mit uns zu gehen – und letztlich auch eine Berufung von Gott. Der Weg zu uns führt zunächst über ein gegenseitiges Kennenlernen und ein zeitlich befristetes Mitleben in unserer Lebens- und Glaubensgemeinschaft, hin zu Postulat und Noviziat." (Erna Biewald, Diakonische Gemeinschaften, unter: https://www.diakoneo.de/spiritualitaet/diakonische-gemeinschaften/diakonisse/, 07.12.2019) Die SuS werden vermutlich einige Gründe anführen, die sie als schwierig ansehen, z. B. das Tragen einer Tracht oder die Ehelosigkeit. In diesem Zusammenhang könnte auch über weitere alternative Lebensformen gesprochen werden, die auch die Jungen betrifft, z. B. das Leben in Bruderschaften. Wichtig wäre aber auch, dass herausgearbeitet wird, welche Vorzüge so ein Leben vielleicht haben kann, also z. B. die Suche nach festen Strukturen, das Leben in einer Gemeinschaft oder die sinnerfüllende Arbeit. Falls möglich, wäre es interessant, sich mit jemandem zu unterhalten, der so eine Lebensform für sich gewählt hat. An dieser Stelle eignet sich der Einsatz von ZM 7.

Die zweite Aufgabe ruft dazu auf, einen Text über Löhe zu verfassen, der dafür wirbt, eine Schule in Wilhelm-Löhe-Schule umzubenennen. In diesem Zusammenhang könnten weiterhin Argumente gesammelt werden, die gegen die Umbenennung sprechen würden. Diskutiert werden könnte grundsätzlich, was durch einen Schulnamen zum Ausdruck gebracht wird und welche Namen sich eignen könnten, damit sich möglichst viele SuS damit auch identifizieren können.

Worum kümmert sich die Diakonie? – zu Doppelseite 114/115

In der ersten Aufgabe soll eine Zuordnung der Bilder auf Seite 114 zu den angeführten Arbeitsfeldern der Diakonie vorgenommen werden. Eine wahrscheinliche Zuordnung der Bilder (von links nach rechts und oben nach unten) ist: 6, 5, 1, 7, 2, 9, 4, 8, 3. Bei den Bildern wird deutlich, dass sich die Diakonie um Menschen aller Altersgruppen kümmert.

Die zweite Aufgabe verweist auf das Titelbild des Kapitels (Seite 102). Es passt zu dem Bereich 1 (Menschen in Not). Dargestellt wird ein Obdachlosenlager. Das Bild kann SuS einladen, ihre eigenen Eindrücke von Obdachlosigkeit zu beschreiben und zu reflektieren, wie sie und ihre Familien sich gegenüber Obdachlosen verhalten. In verschiedenen Städten gibt es besondere Stadtführungen, bei denen Obdachlose durch ihr altes Leben auf der Straße führen. „Obdachlose und Flüchtende – die Touren mit querstadtein e. V. Der Verein startete 2013 in Berlin mit seinen Touren. Zunächst waren es ehemalige Obdachlose, die als Tourguides Gruppen durch ihr altes Leben auf der Straße führten. Die Idee dahinter: das Thema Obdachlosigkeit mal anders angehen, informieren und den Austausch fördern. Das Konzept stammt aus dem Ausland und wird in Städten wie London oder Paris schon länger angeboten." (Malteser Hilfsdienst e. V., Obdachlose und Flüchtende – die Touren mit querstadtein e.V., unter: https://www.malteser.de/aware/#gref, 07.12.2019; vgl. auch https://zeitschrift-der-strasse.de/pw/, wo über ein vergleichbares Projekt in Bremen berichtet wird.) Durch solche Stadtführungen wird ein Perspektivwechsel ermöglicht, der dazu verhelfen kann, sich besser in die Situation und besonderen Probleme von obdachlosen Menschen einzufühlen. Sollte das nicht möglich sein, gibt es auch Filme, die eingesetzt werden können. (z.B.: https://www1.wdr.de/mediathek/video/sendungen/lokalzeit-duesseldorf/video-draussen-sein--obdachlose-und-ihre-geschichte-100.html; 07.12.2019)

In Zusammenhang mit Aufgabe 3 wäre es alternativ möglich, dass sich die ganze Klasse ausführlicher mit einem der Arbeitsfelder befasst. Dabei könnte auch geprüft werden, welche diakonischen Einrichtungen sich im Umfeld der Schule befinden und ob ein Besuch möglich wäre, um vor Ort recherchieren zu können. So könnte z. B. ein Blindenheim oder ein Seniorenheim besucht werden.

Was macht diakonisches Handeln professionell? – zu Doppelseite 116/117

Die Doppelseite befasst sich einerseits mit dem Berufsfeld der Pflege in verschiedenen Bereichen und andererseits mit Pflegeeinrichtungen. Dazu wurde Karin Schwertner, die vielfältige Berufserfahrungen im Bereich Diakonie hat, befragt. In Aufgabe 1 wird ein Vier-Ecken-Gespräch vorgeschlagen. Im Vorfeld sollte das Interview gelesen werden, um den Zusammenhang, in dem die vier markierten Sätze auftauchen, zu kennen.

Die zweite Aufgabe stellt wieder den Bezug zu der Geschichte über Hannes, seine Eltern und seinen Großvater her, die auf der ersten Doppelseite des Kapitels (Seite 104/105) Thema war. In Bezug auf das Problem von Hannes könnte herausgearbeitet werden, dass es wichtig ist, dass die Eltern von Hannes mit dem Großvater ins Gespräch kommen, damit sie gemeinsam eine Lösung finden. Auch Hannes kann in das Gespräch einbezogen werden, damit er versteht, dass die Entscheidung für ein Heim nicht bedeuten muss, dass der Großvater ins Heim „abgeschoben wird". Im Gespräch mit Frau Schwertner wird deutlich, dass dieser Eindruck dadurch häufig entsteht, da es viele Vorurteile gegenüber Heimen gibt. Die Pflege durch Angehörige kann über die Kräfte aller Beteiligten gehen, auch das muss bedacht werden. Im Gespräch mit der Klasse werden vielleicht einige Kinder über Erfahrungen aus ihren Familien berichten. Wichtig ist, dass in Bezug auf die Geschichten, die die Kinder erzählen, nicht geurteilt werden darf („Warum schiebt ihr eure Oma ab?" o. Ä.). Vgl. an dieser Stelle auch nochmals ZM 1.

Kann man Nächstenliebe lernen? – zu Doppelseite 118/119

An manchen Schulen ist es möglich, ein diakonisches Praktikum zu machen. Sarah schildert auf dieser Doppelseite eindrucksvoll ihre Praktikumserfahrungen. Alternativ zu einer Zusammenfassung des Erfahrungsberichts, die in der ersten Aufgabe erwartet wird, wäre es möglich, dass die SuS sich ein Erlebnis oder einen Tätigkeitsbereich Sarahs herausgreifen und diesen dann näher beschreiben. Denkbar wäre auch, einzelne Situationen mithilfe von Standbildern darzustellen. Sarah hat während ihres Praktikums einen Perspektivwechsel erlebt, als sie von einer Mitarbeiterin ermutigt wurde, sich selbst einmal in die Situation eines Menschen mit einer Hirnschädigung hineinzuversetzen. Die SuS könnten versuchen, das, was Sarah erlebt hat, noch einmal aus der Perspektive des Hilfsbedürftigen zu schildern.

Die zweite Aufgabe lädt die SuS dazu ein, von Begegnungen mit Menschen mit verschiedenen Behinderungen oder Einschränkungen zu berichten, die sie in ihrem Umfeld erlebt haben. Möglicherweise haben sie während ihrer Kindergarten- oder Grundschulzeit Erfahrungen mit Inklusion gemacht. Vgl. ZM 8 (hier geht es noch einmal um eine Art von Behinderung).

Der Vorzug eines Vier-Ecken-Gesprächs (Aufgabe 3) ist, dass die SuS in kleineren Gruppen miteinander ins Gespräch kommen können und auch die SuS, die sich vor der großen Gruppe nicht trauen, sich zu melden, sich in die Diskussion einbringen können. Die dritte Frage bezieht sich auf Sarahs Gefühle, die sie hatte, als sie selbst einmal im Rollstuhl saß. In ihrem Bericht wird deutlich, dass es sie weitergebracht und ihr Einfühlungsvermögen gesteigert hat. In Bezug auf verschiedene Behinderungen oder Einschränkungen ist es möglich, dass SuS einmal ansatzweise ausprobieren können, wie sich so etwas anfühlt. So ist es z. B. möglich, sich von der Christoffel Blindenmission einen Aktionskoffer für den Unterricht auszuleihen: „Die CBM-Aktionskoffer zu den Themen Blindheit und Gehörlosigkeit ermöglichen Kindern und Jugendlichen, sich durch Ausprobieren für einen kurzen Moment in die Lebenswelt von Menschen mit Behinderungen hineinzuversetzen. Beide Koffer sind für Gruppen bis 35 Personen entwickelt und enthalten handlungsorientierte Übungen und Spiele, die Einblicke in den Alltag blinder bzw. gehörloser Menschen geben." (Marzena Gergens, Die Aktionskoffer der CBM, hrsg. v. Christoffel-Blindenmission Deutschland e.V., unter: https://www.cbm.de/fuer-schulen/aktionskoffer.html, 08.12.2019)

ZM 8 befasst sich mit einer besonders schweren Form der Behinderung, der Taubblindheit.

Die vierte Frage ist unmittelbar in der Lebenswelt der SuS verankert. Vielleicht ist das Thema, ob ein Fahrradhelm getragen werden soll, auch ein strittiges Thema im Elternhaus. Das Für und Wider könnte auch ausführlicher diskutiert werden. Argumente könnten anhand einer Internetrecherche gesammelt bzw. untermauert werden. Vgl. z. B. https://www.haz.de/Nachrichten/Wissen/Uebersicht/Der-Fahrradhelm-Eine-ueberschaetzte-Sicherheitsmassnahme (08.12.2019) oder https://www.zeit.de/wissen/gesundheit/2017-07/fahrradhelm-sicherheit-radfahren (08.12.2019).

Nächstenliebe und diakonisches Handeln der Kirche – zu Doppelseite 120/121

Auf dieser Doppelseite geht es zum einen um den Bericht über ein konkretes diakonisches Projekt und zum anderen werden weiterführende Fragen zur Vertiefung des gesamten Themenbereichs gestellt. In der Nikolaikirche Potsdam gibt es das Projekt „Gedeckter Tisch", der Menschen, die in unterschiedlicher Art bedürftig sind, als Ort der Begegnung dienen soll. Mithilfe einer Internetrecherche kann ermittelt werden, welche diakonischen Projekte von Kirchengemeinden es im näheren Umkreis gibt. Möglicherweise kennen die SuS auch Menschen aus dem Bereich ihrer Familie oder des Bekanntenkreises, die in solche Projekte involviert sind. Vgl. hierzu auch ZM 9 (Kinder helfen Kindern).

„Es gibt verschiedene Möglichkeiten herauszufinden, welche Art von diakonischem Projekt im Stadtteil meiner Gemeinde sinnvoll ist. Ich kann mit meiner eigenen Wahrnehmung beginnen. Es fängt damit an, dass ich meinen Stadtteil betrachte, indem ich beispielsweise „mit offenen Augen" durch mein Viertel gehe und mich umschaue. Dabei kann ich mir folgende Fragen stellen: Was leben dort für Menschen? Welchen Nöten könnten die Menschen ausgesetzt sein? Was ist in diesem Stadtteil vorhanden und was nicht? Unternehmt gemeinsam als Mitarbeiterteam oder vielleicht sogar mit euren Jungscharkids zusammen einen „Stadtteil-Spaziergang" und tauscht euch danach darüber aus, was ihr gesehen und wahrgenommen habt. Haltet eure Beobachtungen schriftlich fest. Diese Beobachtungen können euch dabei helfen, erste konkrete Ideen für ein Projekt/eine Aktion zu finden. (…) Mit Kindern kann man wunderbar Aktionen durchführen, um Spenden für bereits bestehende (diakonische) Hilfsprojekte zu sammeln. Hier sind der Kreativität keine Grenzen gesetzt: Angefangen von einem „Spendenlauf" über den Verkauf von selbst gemachten Keksen oder kreativen Basteleien bis hin zu Aufführungen (Musical, Chor, Theater, Zirkus), von denen der Eintrittserlös an das Spendenprojekt geht, ist alles möglich. Daneben gibt es auch viele konkrete Aktionen, in denen es nicht um das Sammeln von Geld geht, sondern um eine konkrete Tat. Hierzu zählen beispielsweise das Singen im Seniorenheim, das Verteilen von Plätzchen zur Weihnachtszeit in der eigenen Einkaufsstraße, das Sammeln von Kleidung und Spielzeug für Asylanten oder das Besuchen von älteren und kranken Leuten aus der Gemeinde. Hier müsst ihr selbst aktiv werden, um herauszufinden, welches Projekt für eure Gruppe und euer Umfeld passend ist." (Lisa Stahlschmitt, Diakonische Projekte für und mit Kindern, in: Jungscharhelfer-Jahrbuch 5/2014, Kassel: Oncken, S. 131–133, auch unter: https://www.gjw.de/fileadmin/edition_gjw/dokumente/0053_Stahlschmidt_Diakonische-Projekte.pdf, 04.12.2019)

Auf der rechten Seite finden sich Aufgaben zu den vier Kompetenzbereichen.

Wiedergeben und beschreiben:

Zum ersten Punkt: Zur Beschreibung der Anfänge der Diakonie Neuendettelsau vergleiche https://www.diakoneo.de/ueber-uns/geschichte/ (08.12.2019).

Zum zweiten Punkt: Vor- und Nachteile eines Lebens im Alten- und Pflegeheim lassen sich nicht pauschal benennen, da sie von der jeweiligen Situation des/der Hilfsbedürftigen und seines/ihres familiären Umfelds abhängig sind. Gut wäre es, wenn es möglich wäre, verschiedene Menschen, die von dieser Situation betroffen sind, zu Wort kommen zu lassen, um zu verstehen, dass jeder Fall anders ist. Vgl. dazu https://www.bibelwissenschaft.de/wirelex/das-wissenschaftlich-religionspaedagogische-lexikon/wirelex/sachwort/anzeigen/details/naechstenliebe-1/ch/9d2fb2f956e678cb9580334f3a2ddc23/ (08.12.2019). Karin Schwertner nennt in dem Interview Hinweise, die zeigen, wann ein Helfer ungeeignet ist. So sei jemand, der psychisch selbst nicht stabil sei, sich nicht abgrenzen könne und den Beruf wähle, um von eigenen Problemen abzulenken, nicht geeignet (vgl. SB Seite 116).

Wahrnehmen und deuten:

Zum ersten Punkt: Die Diakonie entstand als eigene Institution zunächst nicht in, sondern neben der Kirche, weil die Organisation der Evangelischen zu der Zeit ihrer Entstehung im 19. Jahrhundert noch nicht gefestigt genug war.

Zum zweiten Punkt: Die Tobiasbruderschaft in Göttingen wurde 2009 gegründet und besteht z.Z. aus ca. 40 Männern. Die Hauptaufgabe der Bruderschaft ist es, in der Stadt Göttingen den Menschen zu einer würdigen Bestattung zu verhelfen, die keine Angehörigen haben oder deren Angehörigen die finanziellen Mittel fehlen. Diese Hilfe findet unabhängig von der Religionszugehörigkeit des/der Verstorbenen statt. In frühchristlicher Tradition war die Beisetzung eine Aufgabe der Öffentlichkeit und der Gemeinschaft und wurde erst in der Neuzeit privatisiert. In der frühen Neuzeit wurde diese Aufgabe häufig von Bruderschaften übernommen. (https://tobiasbruderschaft.wir-e.de/tobiasbruderschaft, 04.12.2019)

Reflektieren und urteilen:

Zum ersten Punkt: Jesus war gläubiger Jude und bezog sich so auch in seiner Lehre immer wieder auf die jüdischen Schriften, in Bezug auf die Nächstenliebe also z.B. auf Leviticus 19. (Zur Auslegung vgl. u.a. https://www.bibelwissenschaft.de/wibilex/das-bibellexikon/lexikon/sachwort/anzeigen/details/leviticus/ch/f1c2fdc8b2ddf545136f169e5f-399e9a/ 08.12.2019.)

Zum zweiten Punkt: Bezogen auf den Erfahrungsbericht von Sarah Lagershausen kann diskutiert werden, inwiefern Barmherzigkeit und Einsatz für andere Menschen gelernt werden können. In jedem Fall können die Beschäftigung mit der Thematik und die Konfrontation mit Menschen, die hilfsbedürftig sind, die Empathiefähigkeit von SuS steigern.

Sich ausdrücken und kommunizieren

Zum dritten Punkt: Interessant könnte es sein, sich mit Frauen, die eine Rolle in der Diakonie gespielt haben, zu befassen. Friederike (1800–1842) und Caroline Fliedner (1811–1892) waren die Frauen Theodor Fliedners (1800–1864), dem Begründer der Kaiserswerther Diakonie. Eva von Tiele-Winckler (1866–1930) war eine der ersten Frauen in einer Führungsposition bei der Diakonie. Sie schuf eine evangelische Schwesternschaft. Amalia Sieveking (1794–1859) gründete den Verein für Armen- und Krankenpflege und förderte Frauen zur Übernahme kirchlicher Verantwortung. Vgl. an dieser Stelle ZM 10 (Bethel Stiftungen).

5 Übersicht: Zusatzmaterial

Übersicht: Zusatzmaterial

ZM 1　Wir können Opa doch nicht abschieben

ZM 2　Die Würde des Menschen ist unantastbar

ZM 3　Organspende

ZM 4　Samariter sein?

ZM 5　Ich bin hungrig gewesen …

ZM 6　Ich bin ein Fremder gewesen …

ZM 7　Leben als Diakonisse

ZM 8　Die Hände als Brücke zur Welt

ZM 9　Kinder helfen Kindern

ZM 10　Friedrich von Bodelschwingh und die Stiftungen Bethel

Wir können Opa doch nicht abschieben

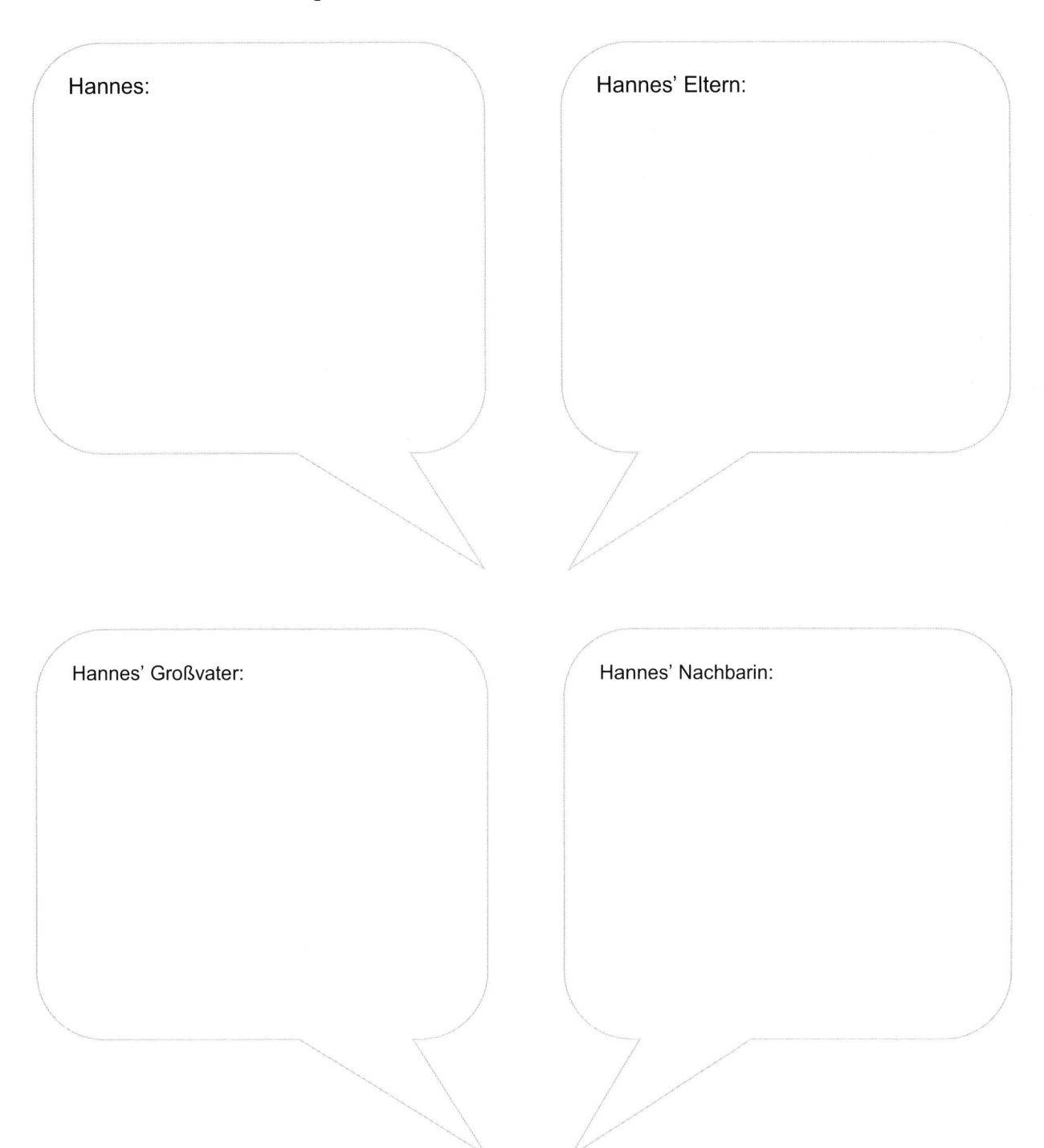

Hannes:

Hannes' Eltern:

Hannes' Großvater:

Hannes' Nachbarin:

Aufgaben
1. Fülle die Sprechblasen aus. Was könnten Hannes, seine Eltern, sein Großvater, die Nachbarin sagen? Ergänze Sprechblasen auf einem Blatt, wenn du magst.
2. Besprecht eure Ideen in Kleingruppen. Plant eine kleine Szene für ein Rollenspiel, das ihr in der Klasse vorspielen könnt.

Die Würde des Menschen ist unantastbar

„Die Würde des Menschen ist unantastbar." So steht es wortwörtlich im Grundgesetz und auch in der Allgemeinen Erklärung der Menschenrechte steht der Begriff gleich im ersten Artikel. Menschenwürde muss man sich nicht verdienen oder erarbeiten. Jeder besitzt sie von Geburt an – und doch wird sie viel zu oft mit Füßen getreten.

5 Menschenwürde ist keine Eigenschaft wie Klugheit, Schönheit oder Großzügigkeit. Dem Begriff der Menschenwürde liegt die Idee zugrunde, dass jeder Mensch allein schon durch seine Existenz wertvoll ist.
Bereits in der Antike wurde von Würde gesprochen. Hier allerdings in zwei unterschiedlichen Zusammenhängen, die beide heute noch spürbar sind. Da gab es zum einen die Würde als Kennzeichnung einer gesellschaftlichen Position. Menschen hatten unterschiedlich viel davon und die Menschen an der Spitze der Gesell-
10 schaft wurden als Würdenträger bezeichnet. Sie erkannte man an ihrer Kleidung und an Symbolen der Macht. Beispiele dafür sind heute die Bürgermeisterkette oder das Kardinalsgewand.
Würde war zum anderen auch schon in der Antike das, was allen Menschen gleichermaßen zukommt und sie gegenüber Tieren auszeichnet. Als Grund dafür wurden die Vernunft und in der christlichen und jüdischen Tradition die Gottesbildlichkeit des Menschen angeführt.
15 Der Philosoph Immanuel Kant leitete Menschenwürde vor allem von der Autonomie des Menschen ab. Der Mensch hat die Wahl – er kann entscheiden, wie er handeln will, und die Entscheidung hängt von seinen sittlich-moralischen Werten ab, die von den Menschen über die Jahrtausende selbst entwickelt wurden. In der Mitte des 19. Jahrhunderts wurde der Begriff dann zu einem politischen Schlagwort der Arbeiterbewegung, die menschenwürdige Arbeits- und Lebensbedingungen einforderten. Unter dem Eindruck der den Menschen ent-
20 würdigenden Vorgänge während der nationalsozialistischen Herrschaft in Deutschland wurde die Menschenwürde nach 1945 zum Mittelpunkt des deutschen Wertesystems und hat auch in anderen nationalen und internationalen Verfassungen und Erklärungen einen zentralen Stellenwert bekommen.

Aufgaben
1. Beschreibe in eigenen Worten, wie sich die Vorstellung von der Menschenwürde entwickelt hat.
2. Warum ist die Verankerung der Menschenwürde im Grundgesetz so wichtig? Erläutere.
3. Findet gemeinsam Beispiele, wo die Würde von Menschen verletzt wird.

Organspende

Organspende – Die Entscheidung zählt

Ja oder Nein zur Organspende? Es gibt viele Entscheidungsmöglichkeiten. Treffen Sie Ihre und dokumentieren Sie diese auf einem Organspendeausweis. So schaffen Sie Klarheit für sich und Ihre Angehörigen. Falls Sie Ihre Entscheidung ändern sollten, können Sie jederzeit einen neuen Organspendeausweis ausfüllen.
5 Bereits ab dem 14. Lebensjahr können Sie einer Organ- und Gewebespende widersprechen, ab dem 16. einer Spende zustimmen oder widersprechen.

Zustimmung und Todesfeststellung sind Voraussetzungen für eine Organspende

Organe dürfen nur entnommen werden, wenn die verstorbene Person zu Lebzeiten einer Organspende zuge-
10 stimmt hat. Die Zustimmung kann zum Beispiel auf einem Organspendeausweis oder in einer Patientenverfügung festgehalten werden. Ist im Todesfall der Wille der verstorbenen Person nicht bekannt, werden die Angehörigen nach einer Entscheidung im Sinne der oder des Verstorbenen gefragt.
Organe können nur Verstorbene spenden, bei denen der Tod unter bestimmten Bedingungen eingetreten ist. Voraussetzung für eine Organspende ist, dass die gesamten Hirnfunktionen unumkehrbar ausgefallen sind.
15 Dieser Zustand ist als Hirntod bekannt. Der Hirntod ist die Folge einer schweren Hirnschädigung, die zum Beispiel durch eine Hirnblutung oder einen Hirntumor auftreten kann. In einem kleinen Zeitfenster ist es möglich, das Herz-Kreislauf-System der oder des Verstorbenen mithilfe intensivmedizinischer Maßnahmen künstlich aufrechtzuerhalten, damit die Organe weiterhin durchblutet werden und transplantiert werden können. Der Hirntod ist ein seltenes Phänomen, sodass nur wenige Verstorbene überhaupt für eine Organspende infrage
20 kommen.

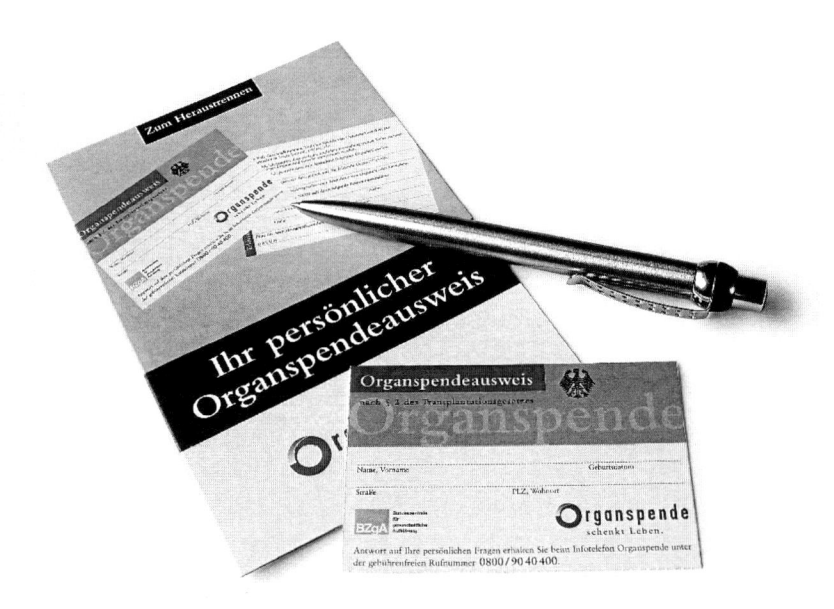

Aufgaben
Friederike muss regelmäßig zur Dialyse, was darauf hinweist, dass sie vermutlich eine Nierenerkrankung hat und auf eine Transplantation wartet.
1. Informiert euch darüber, wie lange Menschen auf ein Organ warten müssen, und darüber, wie viele Menschen in Deutschland einen Organspendeausweis besitzen.
2. Führt eine Pro- und Kontra-Diskussion darüber, ob jeder Mensch vom Gesetz aus automatisch Organspender sein sollte, wenn er nicht widerspricht.

Samariter sein?

„Was habe ich denn davon?"

Aufgaben
1. Interpretiere die Karikatur. Vergleiche ihre Aussage mit der Geschichte vom barmherzigen Samariter.
2. Warst du schon einmal in der Situation, einem Menschen helfen zu können oder vorüberzugehen? Erläutere, wie du gehandelt hast und warum.

Ich bin hungrig gewesen …

„Auf der Suche nach menschlicher Freundlichkeit"

Aufgaben
1. Analysiere das Bild unter Bezugnahme auf die „Werke der Barmherzigkeit".
2. Finde weitere Beispiele, inwiefern die „Werke der Barmherzigkeit" auch in unserer Zeit Relevanz haben.

Ich bin ein Fremder gewesen …

Gemeinsam helfen – Diakonie

Die Diakonie Deutschland leistet Hilfe für Flüchtlinge in Deutschland. Schwerpunkte liegen in der unabhängigen Asylverfahrens- und Sozialberatung in den Erstaufnahmeeinrichtungen und in den Kommunen, in der psychosozialen Betreuung, in der Gemeinwesen- und Projektarbeit der Migrationsfachdienste und der Koordination des freiwilligen Engagements.
In der politischen Arbeit setzt sich die Diakonie für einen legalen Zugang Schutzsuchender in die EU, für die freie Wahl des Zufluchtslandes und bessere Lebensbedingungen für Flüchtlinge in Deutschland und der EU ein.

Aufgaben
1. Stell dir vor, du wärest das hier abgebildete Kind. Formuliere deine Gedanken und Gefühle.
2. Recherchiert in Kleingruppen: Wo findet Flüchtlingshilfe in eurem Umfeld statt?
3. Tauscht euch darüber aus, was ihr in eurer Klasse tun könnt, um Geflüchteten zu helfen.

Leben als Diakonisse

„Ich habe meine Wahl bis heute nie bereut", sagt Schwester Heidrun Sigmund. Seit 46 Jahren lebt und arbeitet die 69-Jährige im Diakonissenmutterhaus Luise-Henrietten-Stift in Lehnin. Eine Bibelstunde brachte für die gelernte Krankenschwester die Entscheidung. „Wir hörten die Geschichte von Jona", erzählt sie. „Er erhält einen Auftrag von Gott, dem er sich zunächst nicht gewachsen fühlt. Er flüchtet davor. Doch er wird von Gott an seinen Auftrag erinnert und zurückgeholt – da erkannte ich, dass auch ich eine Aufgabe von Gott erhalten hatte." Aber auch ein Rüschenhäubchen ist nicht ganz unschuldig daran, dass Schwester Heidrun diesen Lebensweg für sich wählte. Denn eigentlich wollte sie Physik oder Chemie studieren. Da sie jedoch nicht an der Jugendweihe teilgenommen hatte, bekam sie in der damaligen DDR keinen Studienplatz und ließ sich stattdessen in einem Diakonissen-Krankenhaus in Halle zur Kinderkrankenschwester ausbilden. „Im ersten Ausbildungsjahr stand auch Putzen auf dem Ausbildungsplan", erinnert sie sich. In einem Zimmer, das sie reinigen sollte, hing die weiße Haube einer Diakonisse an der Tür. Neugierig setzte sie es auf – und befand: „Das steht mir aber gut!"

Als Diakonisse verbringt Heidrun Sigmund ihr Leben in einer Lebens- und Glaubensgemeinschaft mit anderen Diakonissen. Sie lebt ehelos und enthaltsam, trägt eine Tracht und gibt das Geld, das sie verdient, bis auf ein kleines Taschengeld in die Gemeinschaftskasse. „Bei uns gibt es keinen Neid", betont sie. Auch in der Ehelosigkeit und Enthaltsamkeit hat sie ihr Glück gefunden: „Eine Familie mit vielen Kindern, das war früher mein Traum, doch als Diakonisse bin ich nicht an eine eigene Familie gebunden und dadurch frei für den Dienst dort, wo ich gerade gebraucht werde. So kann ich mich den Menschen widmen, die Hilfe benötigen." Das sei für sie das Schönste daran, eine Diakonisse zu sein.

Ihre Tracht würde Schwester Heidrun heute „nie mehr abgeben". Sie trägt sie sogar auf der Zugfahrt in den Urlaub, als Erkennungszeichen. Das erwecke großes Vertrauen. „Häufig kommen Menschen auf uns Diakonissen zu, um ihren Kummer zu erzählen oder mit uns zu beten." In Lehnin genießt Schwester Heidrun mittlerweile ihren „Feierabend", wie der Ruhestand bei den Diakonissen heißt. Viel Freude macht es ihr, den Garten zu pflegen.

Aufgabe
Erläutere, warum Heidrun Sigmund Diakonisse wurde, und beschreibe, wie sie ihr Leben in diesem Beruf empfindet.

Die Hände als Brücke zur Welt

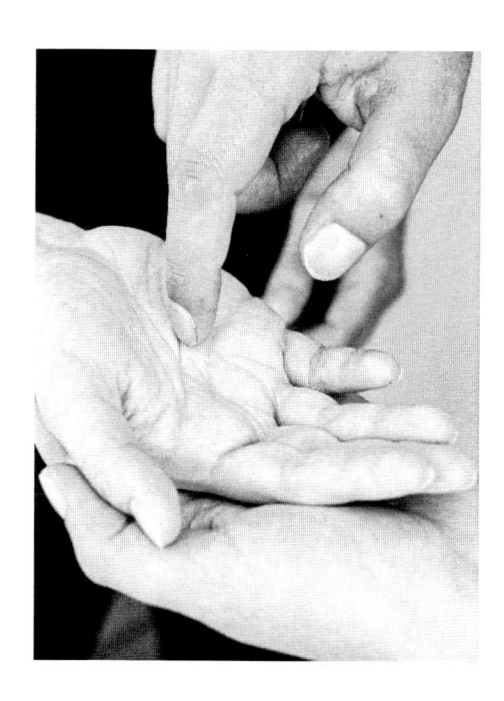

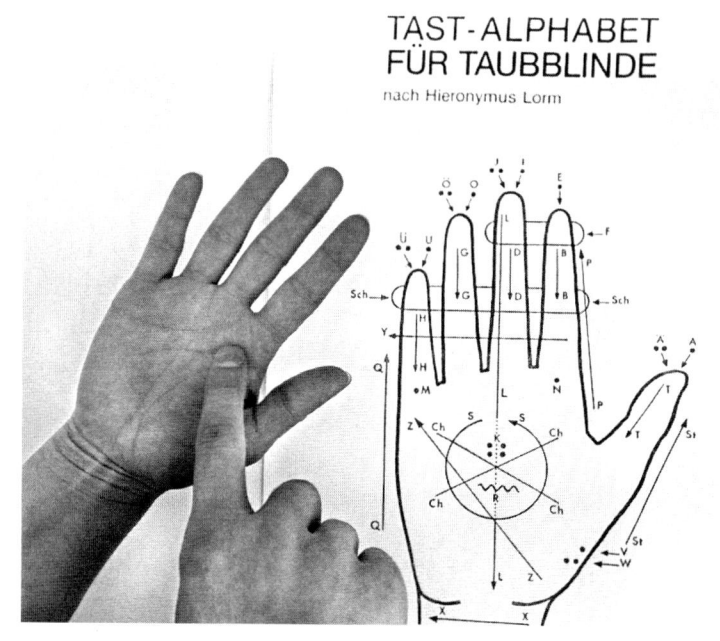

Verständigung durch Lormen – Das Handalphabet

Das Lormen oder Lorm-Alphabet ist eine Kommunikationsform für Taubblinde zur Verständigung mit anderen Menschen. Dem Taubblinden wird die Innenseite der rechten oder linken Hand „besprochen", deren Finger leicht gespreizt sind. Dabei sind einzelnen Fingern sowie bestimmten Handpartien bestimmte Buchstaben zugeordnet. Sowohl der lange als auch der kurze Abstrich verlaufen stets von der Fingerspitze zur Handwur-
5 zel. Der Aufstrich verläuft in entgegengesetzter Richtung. Das Wortschlusszeichen wird durch einen leichten Schlag auf die „besprochene" Hand dargestellt.
Das Lorm-Alphabet wurde von Hieronymos Lorm 1881 aus eigener Betroffenheit heraus entwickelt. Er wurde am 9. August 1821 in Nikolsburg (Mähren) geboren. Mit 16 Jahren ertaubte er und musste sein Musikstudium aufgeben.
10 Diese Form der Verständigung öffnete taubblinden Menschen ein Tor zur Außenwelt.

Aufgaben
1. Informiere dich darüber, was es für Menschen bedeutet, taubblind zu sein.
2. Versuche, mithilfe der Lormanleitung deinen Namen zu lormen.
3. Erkläre aus der Sicht eines taubblinden Menschen, vor welchen Problemen er im Alltag steht und welche Bedeutung das Lormen für ihn hat.

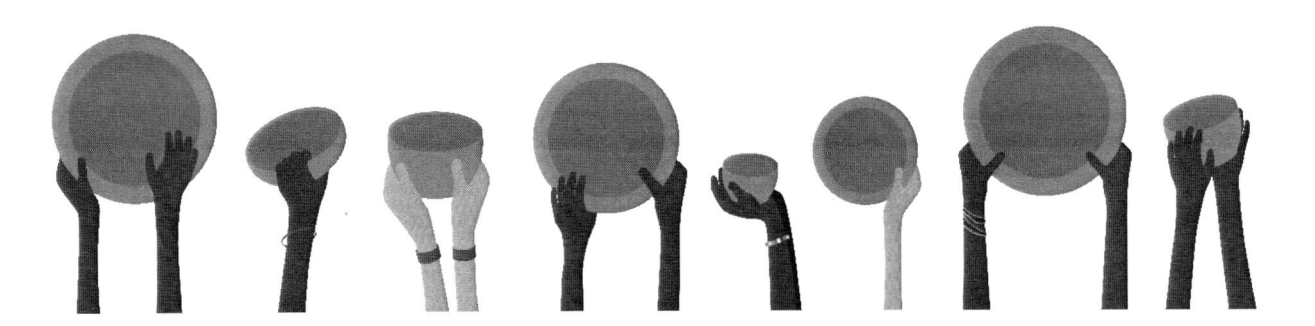

Kinder helfen Kindern

Die Tafeln: Lebensmittel retten. Menschen helfen.

In Deutschland werden täglich etliche Tonnen Lebensmittel vernichtet, obwohl sie noch verzehrfähig sind. Gleichzeitig herrscht bei vielen Menschen Mangel. Die gemeinnützigen Tafeln schaffen einen Ausgleich: Sie sammeln überschüssige, qualitativ einwandfreie Lebensmittel und verteilen diese an sozial und wirtschaftlich Benachteiligte. Mit ihrer schnellen und unbürokratischen Hilfe lindern die Tafeln die Folgen von Armut in einer reichen Gesellschaft – und stehen für Solidarität und Mitmenschlichkeit. Die Tafeln sind eine der größten sozialen Bewegungen unserer Zeit.

Tafel Erlangen

Die Tafel Erlangen ist eine Initiative im Diakonischen Werk Erlangen, die vollwertige Lebensmittel, die aus unterschiedlichen Gründen nicht zum Verkauf angeboten werden, sondern entsorgt werden sollen, an bedürftige Personen verteilt.

Kinder helfen Kindern

Seit dem Schuljahr 2005/06 beteiligt sich die Schule alljährlich an der Unterstützung der „Erlanger Tafel". Dies ist eine Initiative des Diakonischen Werks Erlangen. Sie hat es sich zur Aufgabe gemacht, vollwertige Lebensmittel, die aus unterschiedlichen Gründen nicht mehr zum Verkauf angeboten werden und deshalb entsorgt werden müssten, an bedürftige Personen zu verteilen.

Aufgaben
1. Informiert euch über Armut von Menschen in Deutschland und tauscht euch über eure Ergebnisse aus.
2. Recherchiert, ob es in eurer Nähe auch das Projekt „Tafel" gibt. Plant ein Interview mit einem Mitarbeiter oder einer Mitarbeiterin (Methoden-Karte auf Seite 126).
3. Die Kirchnerschule in Erlangen beteiligt sich an der Erlanger Tafel. Kennt ihr weitere Projekte, bei denen Kinder Kindern helfen? Recherchiert gezielt danach. Stellt diese Projekte eurer Klasse in einem kurzen Vortrag vor.

Friedrich von Bodelschwingh und die Stiftungen Bethel

Entstehung der v. Bodelschwinghschen Stiftungen Bethel

Die v. Bodelschwinghschen Stiftungen Bethel gehen auf ein Heim für epilepsiekranke Menschen zurück, das 1867 von der Inneren Mission in Bielefeld gegründet wurde. Man wollte den „Anfallskranken" in einer Zeit, in der leistungsschwächere Menschen zunehmend an den Rand der Gesellschaft gedrückt wurden, eine neue Heimat geben. Als erster Anstaltsleiter kam Friedrich Simon nach Bethel. Ihm folgte 1872 Friedrich von Bodel-
5 schwingh, der die junge Einrichtung entscheidend prägte. Unter seiner Leitung – und der seiner Nachfolger – entwickelte sich Bethel zum größten diakonischen Unternehmen in Europa.

Bethel – Gemeinschaft verwirklichen

Die große und überdauernde Herausforderung für Bethel ist, dass es viele Menschen gibt, die auf Behandlung, Förderung, Pflege und Unterstützung angewiesen sind, um ein menschenwürdiges und möglichst selbstbestimmtes Leben in der Gesellschaft führen zu können. Es ist der satzungsgemäße Zweck der v. Bodelschwinghschen Stiftungen Bethel, für diese Menschen Einrichtungen und Dienste zu unterhalten und zeitge-
5 mäß weiterzuentwickeln. Wir verstehen dies als Auftrag Gottes, der Leben eröffnet: „Du sollst den Herrn, deinen Gott, lieben mit ganzem Herzen und ganzer Seele, mit all deiner Kraft und all deinen Gedanken, und: Deinen Nächsten sollst du lieben wie dich selbst … Handle danach und du wirst leben." (Lukas 10,27 f.)

Aufgaben

1. Informiere dich über Friedrich von Bodelschwingh und seine Stiftung.
2. Erläutere in eigenen Worten, wie die Fürsorge für Menschen mit Behinderungen begründet wird.
3. Als Vision wird formuliert, dass Menschen mit und ohne Behinderungen zusammenleben können. Kennst du Beispiele aus deiner Umgebung oder aus einem anderen Umfeld, wo dieses Zusammenleben stattfindet? Stelle es deiner Klasse vor.

Operatoren mit Definitionen

Operatoren geben an, welche Tätigkeiten beim Lösen von Aufgaben gefordert werden.

Anforderungsbereich I

Operatoren	Definitionen
nennen benennen	ausgewählte Elemente, Aspekte, Merkmale, Begriffe, Personen etc. unkommentiert angeben
skizzieren	einen bekannten oder erkannten Sachverhalt oder Gedankengang in seinen Grundzügen ausdrücken
formulieren darstellen aufzeigen	den Gedankengang oder die Hauptaussage eines Textes oder einer Position mit eigenen Worten darlegen
wiedergeben	einen bekannten oder erkannten Sachverhalt oder den Inhalt eines Textes unter Verwendung der Fachsprache mit eigenen Worten ausdrücken
beschreiben	die Merkmale eines Bildes oder eines anderen Materials mit Worten in Einzelheiten schildern
zusammenfassen	die Kernaussagen eines Textes komprimiert und strukturiert darlegen

Anforderungsbereich II

Operatoren	Definitionen
einordnen zuordnen	einen bekannten oder erkannten Sachverhalt in einen neuen oder anderen Zusammenhang stellen oder die Position eines Verfassers bezüglich einer bestimmten Religion, Konfession, Denkrichtung etc. unter Verweis auf Textstellen und in Verbindung mit Vorwissen bestimmen
anwenden	einen bekannten Sachverhalt oder eine bekannte Methode auf etwas Neues beziehen
belegen nachweisen	Aussagen durch Textstellen oder bekannte Sachverhalte stützen
begründen	Aussagen durch Argumente stützen
erläutern erklären entfalten	einen Sachverhalt, eine These etc. ggf. mit zusätzlichen Informationen und Beispielen nachvollziehbar veranschaulichen
herausarbeiten	aus Aussagen eines Textes einen Sachverhalt oder eine Position erkennen und darstellen
vergleichen	nach vorgegebenen oder selbst gewählten Gesichtspunkten Gemeinsamkeiten, Ähnlichkeiten und Unterschiede ermitteln und darstellen
analysieren untersuchen	unter gezielter Fragestellung Elemente, Strukturmerkmale und Zusammenhänge systematisch erschließen und darstellen
in Beziehung setzen	Zusammenhänge unter vorgegebenen oder selbst gewählten Gesichtspunkten begründet herstellen

Anforderungsbereich III

Operatoren	Definitionen
sich auseinandersetzen mit	ein begründetes eigenes Urteil zu einer Position oder einem dargestellten Sachverhalt entwickeln
beurteilen bewerten Stellung nehmen einen begründeten Standpunkt einnehmen	zu einem Sachverhalt unter Verwendung von Fachwissen und Fachmethoden sich begründet positionieren (Sach- bzw. Werturteil)
erörtern	die Vielschichtigkeit eines Beurteilungsproblems erkennen und darstellen, dazu Thesen erfassen bzw. aufstellen, Argumente formulieren, nachvollziehbare Zusammenhänge herstellen und dabei eine begründete Schlussfolgerung erarbeiten (dialektische Erörterung)
prüfen überprüfen	eine Meinung, Aussage, These, Argumentation nachvollziehen, kritisch befragen und auf der Grundlage erworbener Fachkenntnisse begründet beurteilen
interpretieren	einen Text oder ein anderes Material (z. B. Bild, Karikatur, Tondokument, Film) sachgemäß analysieren und auf der Basis methodisch reflektierten Deutens zu einer schlüssigen Gesamtauslegung gelangen
gestalten entwerfen	sich textbezogen mit einer Fragestellung kreativ auseinandersetzen

Einheitliche Prüfungsanforderungen in der Abiturprüfung, Evangelische Religionslehre, v. 01.12.1989, i.d.F.v. 16.11.2006, unter: http://www.kmk.org/fileadmin/Dateien/veroeffentlichungen_beschluesse/1989/1989_12_01-EPA-Ev-Religion.pdf